微南京

张元卿 著

金九在南京

广西师范大学出版社
·桂林·

金九在南京
JINJIU ZAI NANJING

图书在版编目（CIP）数据

金九在南京 / 张元卿著. —桂林：广西师范大学出版社，2019.9

（微南京）

ISBN 978-7-5598-1916-1

Ⅰ. ①金… Ⅱ. ①张… Ⅲ. ①金九（1876-1949）—生平事迹 Ⅳ. ①K833.126.7=531

中国版本图书馆 CIP 数据核字（2019）第 127637 号

广西师范大学出版社出版发行

（广西桂林市五里店路 9 号　邮政编码：541004）

网址：http://www.bbtpress.com

出版人：张艺兵

全国新华书店经销

珠海市豪迈实业有限公司印刷

（珠海市香洲区洲山路 63 号豪迈大厦　邮政编码：519000）

开本：787 mm × 1 092 mm　1/32

印张：5.625　　　　　字数：110 千字

2019 年 9 月第 1 版　　2019 年 9 月第 1 次印刷

印数：0 001~5 000 册　定价：39.00 元

如发现印装质量问题，影响阅读，请与出版社发行部门联系调换。

目录

自序   001
从虹口公园炸弹案说起   001

虹口公园炸弹案再认识   008
    金九与虹口公园炸弹案   008
    金九地位的提升与韩国临时政府的迁移   015
    开启了国民政府和韩国临时政府合作的序幕   018

营救金九的细节   020
    朴赞翊向国民政府求助   020

024　蒋介石的作用
026　陈果夫为什么会积极营救金九？
029　为什么派萧铮布置保护金九的措施？
031　费吴生：传出接力营救金九的第一棒
043　褚辅成营救金九去嘉兴

金九在嘉兴受到的保护
047　化名张震球的"张先生"
051　褚辅成家族的民间保护
059　国民政府的暗中保护
064　船娘朱爱宝的角色

初到南京与蒋介石会面
071　会面申请
073　蒋介石复电同意见面
076　会面时间
078　会面细节
080　在中央饭店草拟活动计划
082　陈果夫设家宴招待金九

国民政府和韩国临时政府开始实质性的合作　　082

金九在南京的秘密活动　　085
  韩国特务队　　086
  学生训练所　　092
  韩国国民党青年团　　096
  搜集日本情报　　098

国民政府对金九的经济援助　　100
  全面援助：从秘密活动到日常生活　　101
  经费如何列支　　102
  萧铮经办各项支出　　103
  金九的感念　　108

金九在南京的生活状态（上）　　112
  漂泊在南京　　113
  金九母亲的南京生活　　116
  复成新村8号是金九寓所吗？　　121

127	**金九在南京的生活状态（下）**
127	陈果夫、陈立夫公馆与复成新村10号
129	金信在安徽屯溪中学读书？
134	为什么住在淮清桥附近？
138	**仓皇离京**
138	金九住处何时被炸？
139	陈果夫致萧铮的信写于何时？
142	离京前的活动
145	乘英国轮船离京
150	杂役蔡某落水
151	告别朱爱宝
154	**韩国驻华代表团在南京**
155	复成新村5号
159	闵石麟
162	**萧铮拜谒金九墓**

自序

在研究南京的民国老住宅区复成新村的过程中,我发现金九和南京的历史联系很多,有些细节很有趣味,但其价值至今还未被充分认识,因此决定试着研究一下"金九在南京"。

八年前我定居南京后开始观察和研究这座城市,随着了解的深入,发现很多研究者都习惯于通过笼统的宏观叙事来看待和解释这座城市的历史,致使许多历史细节随着建筑的消失和史料的散佚而被遗忘。这样,随着能支撑和提升义理的值得考证的细节的消失,后来论著多变相延续旧说,陈陈相因,生气全无。就金九和韩国临时政府的研究而言,论著已有很多,似已题无剩义,可从南京城市史的角度来看,这些论著普遍存在义理和考据脱节的问题,许多史实至今还不清晰,同一书中自相矛盾之处也很常见,一些重要细节还未引起研究者的注意。因此，虽然研究之初面对的是一个歧义纷纭、杂乱无章的文本世界，但也可看出这里面还有较大的研究余地。

随着研究的逐步深入，我发现这个课题的涉及面非常广，在厘清各种关系之后，常有拨云见日之感，兴味愈加浓厚。一年下来，感觉所解决的问题可以写成一个小册子了，遂于戊戌正月开始动笔，今初稿完成，还未出正月。

本书只是一个小册子，是微写作，却是按大书的结构来规划的。概而言之，本书是以梳理历史为经，考证细节为纬，尽量做到微而有系统。人所共知的史实，不做烦琐陈述，只求过程清晰；久被忽视的细节，则突出其在历史进程中的作用，不惜辞费；以往论著语焉不详者，能通过考证补其不足，则考证不遗余力；歧义纷纭者，能辨析清楚，则疏解不避繁难；重要细节非图片不能复现其原貌者，则适当引用各类图片以丰富其历史空间。然受限于眼界与功力，本书难免菁芜并存，惟识者谅之，亦惟识者赏之。

在研究和写作过程中，尹引兄提供了很多珍贵资料，还常与我往复讨论，受益良多，不能不谢。

写到本书"尾声"时，在《当代地政泰斗萧铮博士传略》中看到魏方赠陈太先的一首七律，萧铮读后黯然，曾次韵酬答。魏诗有句云："鹤驾不回天地老，江流难尽古今思。"书成停笔，心中正有此句。

2018 年 3 月 12 日于南京九乡河

从虹口公园炸弹案说起

1932年上海发生了震惊中外的虹口公园炸弹事件。关于这一事件,《韩国独立运动与中国关系编年史(1919—1949)》有这样的记载:

> (1932年)4月29日 韩人爱国团团员尹奉吉奉金九之命,混入日人为庆祝日本天长节而在上海虹口公园举行的大会。当日军白川大将、重光驻华公使、植田中将、野村海军司令、村井驻沪总领事、河端民团行政委员长等军政要员齐聚司令台时,尹氏扬手掷弹,轰然爆炸,当场炸毙河端,白川重伤致死,重光等全部受伤。尹氏见目的已达,乃高呼"大韩独立万岁",为日本军警逮捕。此即为震惊中外的"上海虹口公园炸弹事件"。[1]

---

[1] 石源华、蒋建忠编著:《韩国独立运动与中国关系编年史(1919—1949)》(上卷),社会科学文献出版社2012年版,第497页。

图1　虹口公园炸弹案中死伤的日本要人（上排自左至右：河端贞次、村井仓松、野村吉三郎，下排自左至右：植田谦吉、白川义则、重光葵）[1]

---

[1] 刊于《天津商报画刊》1932年第5卷第9期。

在此事件中死伤了多位日本要人（图1），引起极大震动，因此该事件被当时媒体称为"虹口公园炸弹案"或"虹口炸案"，广为报道。

这一年12月，韩人爱国团编写的《虹口炸案之真相》对当时现场情况有如下记载：

该青年之两手一挥，一水壶高飞台上，霹雳轰炸，天地震动，台上人物，应声纷扑。时在午前十一时四十分也。河端破腹即死；侵略上海之敌总司令白川大将，身中二零四个大弹片，小片无数，至5月26日毙于沪；第三舰队司令野村中将，眼珠突出，只眼失明；第九师团长植田中将，折只足；驻华公使重光，折两脚，虽免惨死，然皆残。此外，驻沪总领事村井、民团书记友野及倭卒倭妇五人，均负伤。于是倭贼上下汹汹，所谓二十一发皇礼炮，亦因一声炸响而停，瞬息之间，庄严庆祝会，顿成凄惨修罗场。[1]

虹口公园炸弹案既是由韩人爱国团团员尹奉吉奉金九

---

1 韩人爱国团编写：《虹口炸案之真相》，载《屠倭实记》，韩人爱国团发行，1932年12月1日，第12页。

图 2 《屠倭实记》封面

之命制造的,那就要了解一下金九其人。

金九(1876—1949),原名昌洙,号白凡,朝鲜黄海道海州郡人。朝鲜民族独立运动领袖、韩国临时政府和韩国独立党创始人之一。1919 年 4 月 13 日,从韩国抵达上海,参加韩国临时政府。1919 年 8 月到 1945 年 11 月,先后担

韓人愛國團團長

白凡金九先生

图3 金九

任韩国临时政府警务局长、内务总长、国务领、外务长、政府主席等职。1929年发起成立韩国独立党。1931年12月，在上海组织以暗杀日本军政要员为目的的韩人爱国团[1]，自任团长。中国抗日战争期间，组织韩国光复军参加抗日活动。1945年日本投降后，于11月25日回抵汉城（即今首尔），主张南北统一，遭李承晚排挤。1949年6月26日，被暴徒枪杀身亡。金九在韩国拥有很高声望，被称为"韩国国父"。

金九最初只是韩国临时政府的警务局长、内务总长，在临时政府内部的地位并不高，但他通过两件事改变了自己的地位，逐步成为临时政府的实力人物，并最终成为临时政府主席。第一件事是成立韩国独立党，使自己在临时政府内部有了一个党派的支持，最后韩国独立党逐渐掌控了临时政府。第二件事是组织韩人爱国团，派团员尹奉吉制造了虹口公园炸弹案，由此提升了自己的政治地位，改变了临时政府

---

[1] 金九在《虹口公园炸弹案之一函》（载《申报》1932年5月10日）中对韩人爱国团有一介绍："韩人爱国团，乃余集合爱国同志组织而成，其目的在用武力拯救祖国。唯自愿作无上牺牲者，始有任团员之资格。凡团员之推举承认，悉由余个人主之，故团中任何团员，甚至不知其他团员之姓名。团中不举行会议，吾人工作之进行，绝对秘密。吾人谋暗杀敌人之重要人物，并破坏敌人之行政机关，借以恢复祖国之独立。"

的命运，也改变了国民政府和韩国临时政府的关系，最终形成中韩抗日同盟。

虹口公园炸弹案后，日本特务在上海捉拿金九等韩国抗日人员，韩国临时政府被迫迁至嘉兴，此后又移至杭州、镇江，在1935年11月又将其本部从镇江迁至南京，直至1937年11月撤离南京。这期间，在1932年12月，金九与蒋介石在南京举行了第一次会晤，此后国民政府开始主动支援韩国临时政府的抗日活动，南京逐渐成为金九领导的韩国临时政府的活动中心地。

追根溯源，金九能和南京结缘，在南京展开抗日活动，并使南京成为韩国临时政府的活动中心地，这一切都与虹口公园炸弹案有关，因此，《金九在南京》必以此为开篇。

虹口公园炸弹案再认识

金九与虹口公园炸弹案

1932年4月29日，上海发生虹口公园炸弹案。5月10日，金九在《申报》发表《虹口公园炸弹案之一函》，说明事件原委，文章开首写道：

> 虹口公园之炸弹案，日方力图与某机关相关连，以求达其目的。真相今犹陷于黑暗之中，旅沪韩人首受打击，竟不加甄别、不发拘票滥予逮捕，即在东京与高丽本国之韩人，亦复同蒙影响。余为此次全部事件之主使者，因此为人道与正义，及希望唤起友人从事打倒日本侵略政策之工作起见，特将本案真相昭告世界。余今已不复在沪，故可直言无讳。[1]

---

[1] 此文后又刊于《新亚细亚》1932年第4卷第2期，题目为《虹口公园之炸弹案》，署名"金九"。

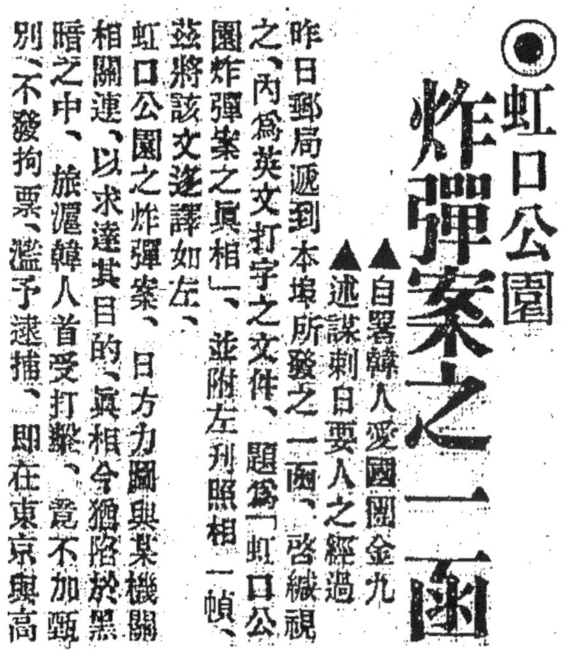

◉虹口公園炸彈案之一函

▲自署韓人愛國團金九
▲述謀刺日要人之經過

昨日郵局遞到本埠所發之一函、題為「虹口公園炸彈案之真相」、內為英文打字之文件、並附左刊照相一幀、茲將該文迻譯如左、

虹口公園之炸彈案、日方力圖與某機關相關連、以求達其目的、真相今獨陷於黑暗之中、旅滬韓人首受打擊、竟不加甄別、不發拘票、濫予逮捕、即在東京與高

图4 《虹口公園炸弹案之一函》

虹口公园炸弹案发生后，金九在国民政府协助下从上海转移至嘉兴，此文为其离开前在费吴生神父家中口述，严恒燮整理，由费夫人用英文翻译后寄给《申报》，原题为《虹口公园炸弹案之真相》。

金九是这一事件的"主使者"，举事前三天，即4月26日，他曾和尹奉吉合影（图5），还收到尹奉吉送他的一首绝笔诗（图6）。尹奉吉行前与金九分别时，金九说我们黄泉下相见吧。

图5 金九与尹奉吉

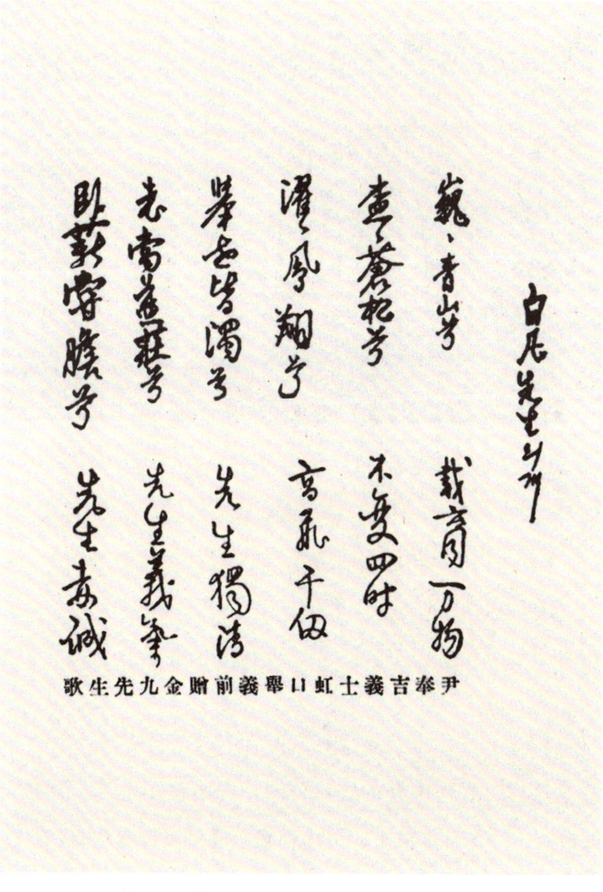

图6 尹奉吉赠金九的绝笔诗

图7 虹口公园炸弹案现场

这样,震惊中外的虹口公园炸弹案就发生了。尹奉吉虽被捕,后在日本被害,但炸弹案造成多名日本政要伤亡,已达到金九和韩人爱国团"谋暗杀敌人之重要人物"的目的。

图8 当年的虹口公园炸弹案现场现为梅园·尹奉吉义士生平事迹陈列室[1]

---

1 照片摄于2017年8月6日，我当天的日记有这样的记载："今天上午先去虹口公园，看了鲁迅墓地，后至梅园，参观了尹奉吉纪念馆。在我们离开时，有十几个韩国人进到梅轩里，我们也跟进去，看到他们在敬献苹果，后倒了一杯真露，然后四个韩国人跪拜两次，作揖一次，又谈了一会才离开。这个过程尹引兄都拍摄记录了。"

图9 尹奉吉被拘情形

    在转移至嘉兴后，金九主持编写了《屠倭实记》一书，书中收有《虹口炸案之真相》，同时刊印了尹奉吉在实施炸弹案之前行宣誓礼的照片、宣誓文及虹口公园炸弹案现场和尹奉吉被拘的照片（图9），此外还刊有尹奉吉夫人和两个儿子的照片。这是继《申报》发表《虹口公园炸弹案之一函》后，金九为全面反映炸弹案始末和及时记录这一历史事件所做的一件实事，也是对义士尹奉吉的一个交代。

金九地位的提升与韩国临时政府的迁移

在《虹口公园炸弹案之一函》发表后,"日本警宪开始集中追捕金九一人。第一次悬赏20万元。第二次由日本外务省、朝鲜总督府、上海驻军司令部联合悬赏60万元捉拿金九"[1]。这无形中提升了金九的社会知名度。

虹口公园炸弹案发生后,《大陆报》《中央日报》《密勒氏评论报》《申报》《国闻周报》《红色中华》[2]《天津商报画刊》《新亚细亚》等报刊纷纷报道这一事件。这样,在诸种因素共同作用下,此前鲜为人知的金九很快成为公众人物。1932年《浙江保安月刊》第14—15期刊发了一则短文——《金九不愧铁汉》(图10),可见时人对金九之赞美与推崇。

虹口公园炸弹案后,金九在韩国临时政府内的地位也在提升。此前,韩国独立运动中有两股力量,内部矛盾很严

---

[1] 徐万民:《中韩关系史·近代卷》(第2版),社会科学文献出版社2014年版,第269页。

[2] 《红色中华》是中华苏维埃共和国临时中央政府机关报,该报在1932年5月25日以《上海日要人全体受伤》为题报道了虹口公园炸弹案。

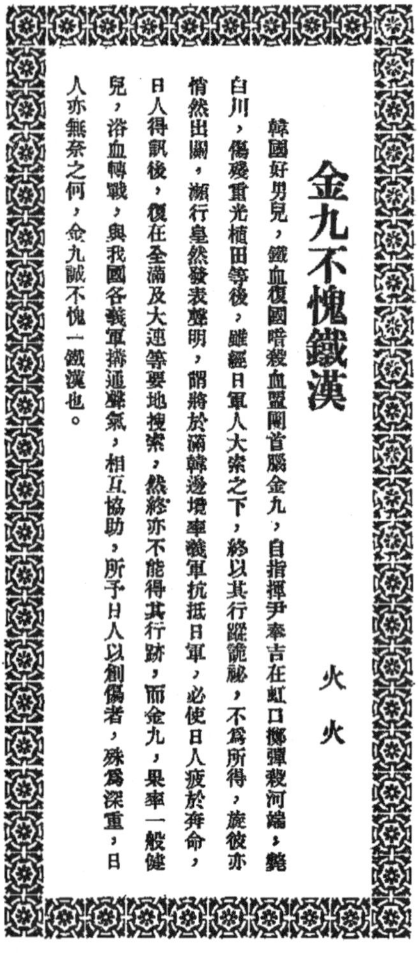

金九不愧鐵漢

火火

韓國好男兒，鐵血復國嚴懲殺血盟團首腦金九，自指揮尹奉吉在虹口擲彈斃河端、斃白川，傷殘重光植田等後，雖經日軍大索之下，終以其行蹤詭祕，不為所得，旋彼亦悄然出關，瀕行皇然發表聲明，謂將於滿韓邊境率義軍抗抵日軍，必使日人疲於奔命，日人得訊後，復在全滿及大連等要地搜索，然終亦不能得其行跡，而金九，果率一般健兒，浴血轉戰，與我國各義軍捭邇聲氣，相互協助，所予日人以創傷者，殊為深重，日人亦無奈之何，金九誠不愧一鐵漢也。

图10 《金九不愧铁汉》

重。一股是激进的"左翼"民族主义革命力量，以金若山领导的义烈团及后来的朝鲜民族革命党为代表，主张独立的复国斗争策略，排斥韩国临时政府。另一股是"右翼"民族主义力量，以临时政府为中心，主张维护临时政府在独立运动中的领导地位。虹口公园炸弹案发生后，打破了两股势力既对立又沉闷的局面，以临时政府为中心的"右翼"民族主义力量开始在韩国独立运动中取得主导地位，这样金九在韩国临时政府内的地位开始提升。1935年10月，避居杭州的韩国临时政府因内部矛盾加剧，面临分裂与瓦解的危险，举行了一次非常会议，改组临时政府，补选李东宁、金九、赵毓九为国务委员，李东宁任国务会议主席，金九任外务长。这样，金九正式进入临时政府核心领导层，掌握了临时政府的实权。为了加强韩国临时政府与中国国民政府的联系，也便于自己对临时政府进行掌控，在临时政府改组的当月，金九就将临时政府从杭州迁至镇江，1936年2月又迁至南京。这样，南京便成为金九领导的韩国临时政府的活动中心地。

开启了国民政府和韩国临时政府合作的序幕

时人为何会赞美金九呢？因为虹口公园炸弹案的结果远出时人预料，是我们想做却没做的事情，国人颇感惭愧。当时有人曾撰联云："太极旗下正气如虹多君三千万众；春申江上巨弹歼敌愧吾四百兆民。"[1]

虹口公园炸弹案发生后，立刻引起了国民政府的重视，使其开始重新认识金九和韩国临时政府。首先，蒋介石听闻尹奉吉虹口壮举后在日记中写道："昔者司马子长有言：怨毒之于人，甚矣哉！而国家之怨毒，古人尤谓不共戴天，穷兵黩武好行侵略者，其亦有所悟乎？"[2] 他还曾说："中国百万军队做不到的事，却由韩国一义士做到了，岂不壮哉！"[3] 于是，国民政府迅速行动，开始营救金九和韩国临时政府要人，国民党中央组织部部长兼江苏省政府主席陈果夫和著名人士殷铸夫、朱庆澜、查良钊、褚辅成均参与了此一行动。

---

[1] 《屠倭实记》，韩人爱国团发行，1932年12月1日。

[2] 石源华、蒋建忠编著：《韩国独立运动与中国关系编年史（1919—1949）》（上卷），社会科学文献出版社2012年版，第497—498页。

[3] 金俊烨：《我的长征》，第306页。转引自徐万民《中韩关系史·近代卷》（第2版），社会科学文献出版社2014年版，第269页。

蒋介石对金九的安全更为关切，曾派人转告金九，希望派飞机接他离开上海。这样，在虹口公园炸弹案发生后，国民政府对韩国临时政府的态度出现历史性的转折，由以前的人道支持转为积极的有组织有计划的全面合作。1932年金九与蒋介石在南京举行首次会晤，就是这一转折的标志性事件。这次会晤的结果是，蒋介石决定在中央陆军军官学校洛阳分校为韩国独立军设特别班，以培养韩国青年军官，并为此提供8万元的援助。

营救金九的细节

朴赞翊向国民政府求助

朴赞翊(1884—1949),字南坡,朝鲜京畿道坡州人。来华后化名濮纯,字精一。早年在汉城(即今首尔)官立工业传习所学习。善汉文,通诗词。1912年在上海与韩国独立运动领袖申圭植、朴殷植、申采浩、金奎植、赵素昂等组织同济社。宗旨是联合东方各民族,互助合作,尤其致力于中韩亲善。"与中国国民党,具三十余年之关系,实肇基于此。"[1]1919年在上海和申圭植、赵素昂等与中国国民党元老唐继尧、陈英士、胡汉民、戴季陶等组建新亚同济社。该

---

[1] 金恩忠:《韩国独立党三均制·度之铨释》,转引自冯开文、杨昭全主编《大韩民国临时政府在重庆》,重庆出版社1999年版,第961页。

社是本着促进中韩革命志士相互合作、增进两国民间友谊而设，目标则专为谋朝鲜独立。1919年4月，韩国临时政府成立后，被委派为驻粤护法政府代表，与孙中山及国民党党政元老联系密切。因与唐继尧极友善，再被派为驻滇代表。虹口公园炸弹案后，积极奔走联络。1935年陪同金九到南京和蒋介石会晤，此后一直辅佐金九工作。韩国临时政府转至重庆时被选为国务委员，任法务部长。1945年抗战胜利后任韩国驻华代表团团长，处理临时政府善后事宜。

图11　金九（前排中间）、朴赞翊（后排右一）、严恒燮（后排右二）与尹奉吉义举时帮助制造炸弹的上海兵工厂技师王伯修夫妇合影

1929年韩国独立党成立，朴赞翊任南京支部代表。20世纪30年代，加入中国国民党。经江苏省政府主席陈果夫介绍，在中国国民党国际部宣传科工作。这样，朴赞翊就成了韩国临时政府和中国国民党联系的中介。虹口公园炸弹案，朴赞翊也参与了策划，金恩忠《大韩民国临时政府驻华代表团团长朴赞翊简历》称："……尹奉吉烈士谋炸日酋白川、重光、植田一案，前后之措施，均出先生之辅导。"[1]5月10日，金九在《申报》发表《虹口公园炸弹案之一函》后，日本警宪开始悬赏追捕金九。朴赞翊当即去找时任中国国民党中央组织部部长的陈果夫。"陈果夫先生的部属萧铮（字青萍）会见了朴赞翊，朴赞翊要求设法保护和转移在上海的韩国临时政府成员，因为他们的生命危在旦夕。萧铮当即转告陈果夫。为了促使陈果夫这样做，朴赞翊又找了其他中国政府的要人如朱家骅、吴铁城等，进行交涉和说服。在朴赞翊的努力下，陈果夫终于下决心帮助朴赞翊和韩国临时政府要人。他指示萧铮找褚辅成先生给予帮助，决定将韩国临时政府在上海的成员分别向杭州和嘉兴两地转移，以保安全。于是朴

---

[1] 金恩忠：《韩国独立党三均制·度之铨释》，转引自冯开文、杨昭全主编《大韩民国临时政府在重庆》，重庆出版社1999年版，第962页。

赞翊火速赶到上海。"[1]朴赞翊找到金九后,告诉金九国民政府很重视他在虹口公园炸弹案后发表的声明——《虹口公园炸弹案之一函》,愿意提供帮助,并称如果金九在上海危险的话,将派飞机来接。但金九婉言谢绝,称将继续"躲在费家秘密活动"[2]。与此同时,中国民间也开始援助金九。当时,"时任国民政府赈灾委员会常任委员的朱庆澜在'虹口事件'发生后,前后向韩方援助资金3300元,其中有两次收款人是在国民党内任职的韩侨朴赞翊"[3]。但当金九在费吴生家中避难被日本便衣监视时,朴赞翊立即和殷铸夫、褚辅成等研究,决定马上将金九转移至嘉兴。

上述史实证明,朴赞翊在虹口公园炸弹案发生后所起的穿针引线的联络作用是任何人都无法替代的。因此,他无疑是营救金九的关键人物。

---

[1] 曹晋杰编著:《抗日战争中在中国的外国国家元首》,黑龙江人民出版社2002年版,第14—15页。

[2] 金九:《白凡逸志》,宣德五、张明惠译,民主与建设出版社1994年版,第224页。

[3] 王明飞:《"虹口事件"对中韩关系的影响》,载中国朝鲜史研究会、延边大学朝鲜·韩国历史研究所编《朝鲜·韩国历史研究》(第10辑),延边大学出版社2009年版,第378页。

蒋介石的作用

中韩政府间的关系,最早始于孙中山领导的广东护法军政府。1929年韩国独立党成立后,积极与中国国民党联系。1930年10月,韩国独立党派赵素昂和朴赞翊参加了中国国民党中央执行委员会召开的会议,就韩国独立党的党纲等进行了说明。1931年中国国民党在南京召开会议,韩国临时政府向会议提交了《大韩民国临时政府宣言》。因此,在虹口公园炸弹案发生前,中韩政府及中国国民党和韩国独立党已有一定的接触。也就是说,蒋介石对于韩国临时政府和韩国独立党并不陌生,只是在炸弹案发生前他对于韩国临时政府也仅是道义上的同情和支持,并没有实质性的合作。

虹口公园炸弹案发生的当晚,蒋介石接到上海市市长吴铁城[1]关于炸弹案的报告,感到很惊讶,认为"比一个正

---

[1] 吴铁城后来一直参与援助韩国临时政府的事务。他在台湾去世后,韩国原驻华代表团团长闵石麟撰文悼念,称"上海虹口事变发生,临时政府乃由金九先生领导,我韩临时政府乃移南京,嗣即由中国当局指定铁公、何敬之、朱骝先三先生协助一切事宜,该时铁公因膺秘书长职,故出力尤多"。又称,"抗战期间,凡我韩临时政府有求于中国政府当局者,事无巨细,统由铁公协助,铁公之于我韩临时政府,虽无顾问之名,而有顾问之实也"。见吴铁城《吴铁城回忆录》,三民书局1993年版,第195页。

规军的战斗成果还要大"[1]，由此开始重新认识金九和韩国临时政府。蒋介石谋士陈布雷向蒋进言："韩国临时政府虽是一个流亡政府，未得到世界各国的承认，但对于日本人，确是一个心腹之患，把金九这些人抓住，就等于有了一个对付日本人的秘密武器。"[2]蒋介石很认同他的观点，但认为国民政府和日本还有外交关系，政府不能出面支持，可在暗中协助。此后，吴铁城接到蒋介石关于积极保护金九的指示。吴铁城接到指示后，找到殷铸夫、朱庆澜等上海名流，希望他们设法营救保护金九。同时，国民党上海特务机关也开始采取行动保护金九。

如果没有蒋介石对金九和韩国临时政府的认可[3]，没有

---

[1] 金云龙：《金九评传》，辽宁民族出版社1999年版，第174页。
[2] 金云龙：《金九评传》，辽宁民族出版社1999年版，第174页。
[3] 杨天石在《蒋介石与"韩国独立元勋"金九》（载《世纪》2014年第5期）中也肯定了蒋介石在援助韩国独立运动中的作用。他认为"在中国援韩人士中，蒋介石贡献最大"，又作了具体说明："在支援韩国独立运动的中国国民党人中间，有三个关键人物：一是陈其美……二是孙中山……三是蒋介石，他是30、40年代中国援韩活动的主要领导者和决策者，时间最长，贡献也最大。为了共同反对日本帝国主义，中国国民党给予韩国独立运动的援助包括政治、经济、军事、外交、道义等各个方面。在这些援助活动中，蒋介石比较注意尊重韩国独立流亡人士的民族感情，及时调整政策，保持友好关系；在国际舞台上，蒋介石首倡保证朝鲜战后独立，反对国际托管和南北分割，不谋求在该地区的民族私利。这些，都与当时主宰世界的大国强权构成了鲜明对比。"

他及时指示吴铁城动用政府资源保护金九,金九能否成功从上海脱险就很难说了。

陈果夫为什么会积极营救金九?

研究中韩关系的学者大都认为,国民政府对待韩国独立运动采取的是"两路并进的援韩策略"[1],即国民党中央组织部负责联络和资助金九一派,复兴社(力行社)负责联络和资助金若山一派。这样,后来逐渐形成"金九系统的干部多与中统合作,金若山系统的干部多与军统合作"[2]的局面。形成这种局面的原因自然很多,但在其形成过程中,虹口公园炸弹案的因素不能忽视。在虹口公园炸弹案发生前一年,"金若山等南下南京,由复兴社成员滕杰的引介,以黄埔毕业的身份面谒蒋介石,提出中韩合作反日倒满之建议。蒋介石当时顾虑惹起中日外交纠纷,乃将此一协助韩国革命青年

---

[1] 冯开文、杨昭全主编:《大韩民国临时政府在重庆》,重庆出版社1999年版,第1090页。

[2] 徐万民:《中韩关系史·近代卷》(第2版),社会科学文献出版社2014年版,第274页。

之任务交由复兴社成员滕杰、贺衷寒、康泽、萧赞育、桂永清、干国勋等人秘密进行,由是建立国民党扶植韩国独立运动之另一系统"[1]。在虹口公园炸弹案发生后,国民政府才开始积极支持金九,并形成"两路并进的援韩策略"。因此,虹口公园炸弹案这个偶然因素无疑是"两路并进的援韩策略"形成的一个积极的外部诱因。

国民党中央组织部部长陈果夫,因其二叔陈其美曾是新亚同济社社员,很早便与韩国独立运动人士有过接触,资助过避居上海的申圭植等韩国独立运动志士,因此陈果夫很早就结识了韩国独立运动人士。从个人和家族情感上讲,他对金九这派韩国临时政府人员天然有好感,但这不是他必须要积极营救金九的原因。他之所以积极营救金九,主要是执行蒋介石暗中协助金九的命令,很大程度上是职务行为,当然这和朴赞翊对陈果夫等国民党要人的劝说也有一定关系。

有研究者称:"陈果夫之所以支持金九一派,合理的解释一方面固然是金九一派在韩国独立运动中历史悠久,并且

---

[1] 冯开文、杨昭全主编:《大韩民国临时政府在重庆》,重庆出版社1999年版,第1092页。

是韩国临时政府的掌权者,另一方面则为两方皆属右派民族主义,意识形态接近或许是更重要的原因。"[1]这种观点并不准确。首先,虹口公园炸弹案发生时金九还不是"韩国临时政府的掌权者",国民政府只是看到了他潜在的力量,认为在国民政府支持下他有可能成为韩国临时政府的掌权者,才在支持金若山一派之外,另辟支持金九一派的援韩策略。其次,意识形态接近是一个原因,但显然不是"更重要的原因",因为和金九有相同意识形态的韩国独立运动人士很多,国民政府部门岂能因意识形态接近随便去支持某一人。因此,陈果夫积极营救、支持金九,主要是出于职务行为,是在执行蒋介石的命令,但他积极组织营救,成功利用虹口公园炸弹案发生的历史契机,帮助金九脱险,促成国民政府形成了"两路并进的援韩策略",后通过金九逐步改变韩国临时政府的历史走向,使韩国临时政府成为国民政府有力的抗日同盟,是有他深远的思考的。

---

1 冯开文、杨昭全主编:《大韩民国临时政府在重庆》,重庆出版社1999年版,第1091页。

为什么派萧铮布置保护金九的措施？

萧铮（1905—2002），字青萍，浙江永嘉人。历任中央政治学校地政学系主任、国民党第六届中央常务委员、国防最高委员会委员、经济专门委员会副主任委员、经济部政务次长等职务。1932年创办中国地政学会。1947年改组成为土地改革协会，自任理事长。1940年创设中国地政研究所。1949年赴台湾之后，参与指导台湾地区土地改革运动，对台湾农业发展贡献良多，并任"亚洲土地改革及农村发展中心"董事长、"土地改革纪念馆"董事长、《土地改革》月刊发行人。著有《民族生存战争与土地政策》《平均地权本义》《中华地政史》《土地改革五十年》。

虹口公园炸弹案发生时，萧铮刚从德国留学考察回到南京，等待政府安排工作。这时，金九已转移到嘉兴，朴赞翊返回南京求见陈果夫，请求继续保护金九等韩国临时政府人员。"经过最高当局批准，陈果夫派遣亲信肖铮赶往浙江，布置保护措施。肖铮长期在浙江工作，与各方人士熟识。他找到曾任褚辅成秘书的江一天女士，请她与褚家联络，褚氏表示金九在嘉兴的一切均由其负责。肖铮又与浙江省警务处长蒋伯诚密谈，请其注意保护金九，蒋氏亦拍胸承担金的安

图 12 萧铮

全之责。待一切安排妥当,他才返回南京复命。"[1]

早在 1926 年,萧铮就南下广州,在陈果夫任代理部长

---

[1] 王明飞:《"虹口事件"对中韩关系的影响》,载中国朝鲜史研究会、延边大学朝鲜·韩国历史研究所编《朝鲜·韩国历史研究》(第 10 辑),延边大学出版社 2009 年版,第 379 页。文中"肖铮"当作"萧铮"。

的国民党中央组织部任干事。后秘密赴浙，从事地下工作，策应北伐军。1927年北伐军进浙后，萧铮以国民党浙江省党部组织部长身份推行减租运动，与国民党元老张静江发生冲突。当时浙江省主席是褚辅成，民政部部长是马叙伦。马叙伦偶然从一本共产党员的日记中发现了萧铮的名字，认为萧铮此前的行为和共产党有关系，向张静江告状。张静江便亲自到南京，向国民党中央告发。得到批准后，他给浙江警备司令蒋伯诚和褚辅成发去电报，命令他们扣押萧铮。萧铮觉察后，当即"乘木船赴嘉兴，转太湖至无锡入京"，和陈果夫说明情况，又给蒋介石写信陈情。蒋接信后，命陈果夫审核，陈审核清楚后据实呈报，替萧铮澄清了事实，萧铮晚年在回忆录中对此事还有详细记载。

因为萧铮与浙江有这样的渊源，且虹口公园炸弹案发生后正在南京等待安排工作，陈果夫才派他去浙江布置保护金九的措施。因此，萧铮之于金九，可谓是天上掉下个"林妹妹"。此后，金九和国民政府的联络均通过萧铮。金九到南京后，萧铮更成为国民政府和韩国临时政府联系的纽带。

费吴生：传出接力营救金九的第一棒

费吴生（1883—1989），即乔治·费奇（George A.

图 13 费吴生

Fitch），因出生于苏州，故名"吴生"，父亲费启鸿[1]（George

---

[1] 费启鸿也曾帮助过上海的韩国侨民。"1915 年以后，韩人一直是借用中国基督教青年会馆的食堂进行礼拜活动的。随着参加礼拜活动的韩人的增加，原来的青年会馆因过于狭小而无法使用，于是他们在美国人费启鸿的帮助下，每周日下午借用位于公共租界北京路 18 号的中国长老会礼拜堂进行宗教活动。"孙科志：《上海韩人的宗教活动初探》，载复旦大学韩国研究中心编《韩国研究二十年·文化卷》，社会科学文献出版社 2012 年版，第 392 页。

F. Fitch）是在华传教的传教士。1906年费吴生在美国渥斯特学院获得物理学学士学位。1909年毕业于纽约协和神学院，圣诞节时返回中国。1909—1946年任青年会干事。南京大屠杀期间任南京青年会总干事，出任"南京安全区国际委员会"副主任。1938年2月21日，带着约翰·马吉拍摄的记录南京大屠杀的四盘胶片奔赴上海。1939年1月，从美国返回中国，到达陪都重庆，南京旅渝同乡会赠旗及纪念章，以表贤劳。1939年与青年会总干事梁小初等到延安访问。

图14 乔治·费奇夫妇晚年在美国

1946年远东国际军事法庭在东京审判日本战犯时,费吴生作为证人出庭作证。1980年在美国去世。著有《在华八十年》(*My Eighty Years in China*)。

虹口公园炸弹案发生后,金九和金澈、安恭根、严恒燮,在美国人费吴生家隐藏了20多天后,在褚辅成等人的帮助下,才转移到浙江嘉兴。关于这段历史,金九在《白凡逸志》中有这样的记载:

> 这样过了二十余天,有一天费夫人对我说,我住在费家的事情被侦探知道了,正悄悄包围屋子,让我赶紧离开。我跟费夫人装成夫妇的样子,同乘费家的汽车,由费先生驾驶,出了大门一看,果然密布着中国、俄国、法国(不见日本人)的侦探。但因为是美国人的家,不敢动手。费先生加速开着汽车,经过法租界到了中国地界,下了车和恭根一起去了火车站,转乘火车避身到嘉兴秀纶纱厂去。这是朴南坡先生向殷铸夫、褚辅成诸先生商量觅得的地方,李东宁先生和严恒燮君的家属、金毅汉全家在数日前就已搬来此地了。[1]

---

[1] 金九:《白凡逸志》,宣德五、张明惠译,民主与建设出版社1994年版,第224页。

金九的这个记载容易让人以为费吴生只把他和安恭根护送了出去，其实当时还有金澈和严恒燮。金九只提到他和安恭根，说明他们四人在进火车站前就决定在离开费吴生汽车后就分别行动，他和安恭根是一组，金澈和严恒燮是一组。事实上他们确实是这样走的。金九之子金信多年后曾记述过金九进站的情形："大概是车子晚点的缘故，车站上的人拥挤而杂乱。刚过了检票口，他和严恒燮就被挤散了。事先他们已经说好，进站后分开走，既利于'箱子'的安全，又利于金九的轻装而行。"[1]

此外，费吴生开车送金九等人去火车站的时间也无定论。有研究者认为是5月14日[2]，但金九称他们在费家待了"二十余天"，而虹口公园炸弹案发生在4月29日，到5月14日，也才半月，金九怎么会称待了"二十余天"呢？有研究者称时间"约在5月20日前后"[3]，大概也是按金九在费家待了"二十余天"的记载来推算的。但据费吴生

---

1 夏辇生：《虎步流亡——金九在中国》，人民文学出版社1999年版，第142页。
2 金云龙：《金九评传》，辽宁民族出版社1999年版，第169页。
3 沐涛：《上海虹口公园爆炸案与金九在嘉兴避难》，载嘉兴市政协文史资料委员会编《金九在嘉兴》，浙江人民出版社1998年版，第15页。

《在华八十年》记载，金九等四人在费家待了"more than a month"[1]（超过一个月），如这个记载不错，那金九等人至少应是在5月29号之后离开费家的。金云龙《金九评传》对于日本便衣监视费家有这样的记述："大约6月初，日本间谍堀诚通过法租界电话局，查到美国人费吴生家电话突然特别多，这位狡猾的间谍产生了怀疑，便化装成华人密切监视。他发现，费吴生家时常有东洋人进进出出。于是他派出华人、俄国人、法国人便衣，突然发起包围。"[2] 这次便衣进费家后，被费夫人斥责推出，自此以后费家被便衣监视。这样，金九才决定马上撤离费家。费吴生既称金九在他家待了一个多月，那"大约6月初"被日本便衣包围在时间上应该是成立的。因此，我认为金九离开费家应是"6月初"。

金九《白凡逸志》称，在他离开费家前数日，李东宁和严恒燮的家属、金毅汉全家已转移至嘉兴。金云龙《金九评传》则明确写着：

---

1 费吴生：《在华八十年》，台北美亚出版股份有限公司1967年版，第79页。
2 金云龙：《金九评传》，辽宁民族出版社1999年版，第168—169页。

5月1日，李东宁、严恒燮、金毅汉安全转移到嘉兴。[1]

这个记载有误。首先，严恒燮是数日后和金九一起走的，这次走的是严恒燮的家属；其次，时间不可能是"5月1日"，因5月10日金九发表《虹口公园炸弹案之一函》后，国民政府才开始营救金九，褚辅成才同意将金九和韩国临时政府人员接至嘉兴避难。金毅汉夫人郑靖和[2]所著《绿豆花》（韩国未完社1987年版）将她和严恒燮夫人去嘉兴的时间写作"5月1日"[3]也是错的。因此，结合前文分析，"5月1日"似应是"6月1日"。郑靖和《绿豆花》又称他们到嘉兴大

---

1 金云龙：《金九评传》，辽宁民族出版社1999年版，第169页。
2 郑靖和（1900—1991），原名郑妙喜，号修堂，出生于汉城（即今首尔）。韩国著名的独立运动家，韩国临时政府在华展开的独立运动的参与者和见证者。1919年"三一运动"爆发后，与丈夫金毅汉来到上海，参加韩国临时政府领导的独立运动。1932年在金九等人避难至嘉兴前转移至嘉兴。1940年参与组织韩国革命女性同盟，同时任重庆三·一幼儿园教师。1943年任大韩爱国妇人会训练部长。著有《绿豆花》。
3 郑靖和：《到嘉兴避难》，载嘉兴市政协文史资料委员会编《金九在嘉兴》，浙江人民出版社1998年版，第18页。

约两周之后,金九才到嘉兴。[1]那金九离开上海的时间就应是6月中旬之后。金云龙《金九评传》把金九离开上海写作"5月14日"[2],也是错的,据上面的考证至少应是"6月14日"。

另据《在华八十年》记载,金九等四人当时住在费家楼上客房,费家的中国厨师每天给他们送上中国饭。除金九外,其他三人每次用费家的电话叫不同公司的出租车出去参加韩国人的会议。金九对此事的记载是:

> 我们利用费家的电话跟法租界我们的同胞家联系,得知谁被逮捕,遂聘请洋人律师从法律上营救被捕同志,但效果甚微,我们只得从经济上帮助他们的家属维持生计,或供应要逃亡的同志的旅费。[3]

费夫人后来告诉金九,"因乱用费家的电话,才被他们

---

1 郑靖和:《到嘉兴避难》,载嘉兴市政协文史资料委员会编《金九在嘉兴》,浙江人民出版社1998年版,第18页。
2 金云龙:《金九评传》,辽宁民族出版社1999年版,第169页。
3 金九:《白凡逸志》,宣德五、张明惠译,民主与建设出版社1994年版,第222页。

发现了我们的住处"[1]。这样,金九不得不临时决定马上离开费家。由此可知,朴赞翊和褚辅成等虽有营救金九去嘉兴的计划,但应是备用方案,是要等到法租界实在无法容身才实施的。当金九在费吴生的帮助下逃离上海赶赴嘉兴时,陈果夫立即派萧铮赶往嘉兴布置营救保护措施,也从侧面说明去嘉兴的计划应是备用方案,否则5月10日金九在《申报》发表《虹口公园炸弹案之一函》后就应及时撤离,而不必继续在费家待到不能待时才撤出。

此外,还有几个细节需要说明。金九称他"下了车和恭根一起去了火车站",但没说是哪个火车站。这个火车站指上海南火车站(图15),是沪杭铁路起点站,金九要去嘉兴必须从此出发。那天金九坐的是沪杭线上最后一趟慢车[2],他起先为和费夫人扮作夫妻,已化装成一个"洋佬",在离开费奇的汽车前又换装,"不再是那种洋佬的模样,而是黑色宽沿礼帽、黑布长衫,再加上半新不旧的黑皮鞋,一

---

1 金九:《白凡逸志》,宣德五、张明惠译,民主与建设出版社1994年版,第225页。
2 夏辇生:《虎步流亡——金九在中国》,人民文学出版社1999年版,第143页。

图15 上海南火车站

袭生意人的打扮"[1]。

金九等人下车后，没有回头，很快通过木桥，走向火车站。费奇夫妇一直在车中目送，直到他们在远处消失。

费奇夫妇和金九这一别后何时再见，相关书籍并未说

---

[1] 夏辇生：《虎步流亡——金九在中国》，人民文学出版社1999年版，第142页。

明。金九《白凡逸志》称费夫人后来告诉金九，因他们乱用费家电话，才被日本便衣发现。此处的"后来"和三个时间有关：一是"20世纪30年代初，中国国民政府开展'新生活运动'，邀请乔治·费奇担任顾问，乔治·费奇逐渐把工作重心转移到了南京。1936年，他在南京北极阁附近的保泰街21号安了家"[1]。这时金九也在南京。二是1939年费奇夫妇到了重庆，当时金九也在重庆。三是1947年7月26日费奇夫妇去韩国汉城（即今首尔）京桥庄访问金九[2]。那到底是哪个时间呢？我觉得既然1936年费奇已定居南京，而他是传出接力营救金九的第一棒的关键人物，金九在南京应能得知他的消息，应该去看望费奇夫妇，因此1936年他们见面的可能性要大于1939年。

最后还须说明的是，金九能住在费奇家中是因为金澈与费奇相熟，此前费奇并不认识金九。

---

1 刘燕军：《乔治·费奇》，南京出版社2016年版，第11页。
2 鲜干镇：《伟大的韩国人之九·白凡金九》，韩国国立中央图书馆1983年版，图版第5页。

图16 金澈

金澈(1886—1934),朝鲜永光人。1915年毕业于日本明治大学。1919年"三一运动"后逃至上海。同月,与玄楯、崔昌植等人在上海设立临时事务所,筹建临时政府。4月,出席上海朝鲜人代表大会,参与创立韩国临时政府,任财务部委员兼法务部委员。后历任交通部次长、检察院检察长等职。1920年与金九一起创建"义勇团"。1932年1月,当选上海大韩侨民团政治委员。同年11月任临时政府国务委员。1934年任临时政府国务院秘书长。

褚辅成营救金九去嘉兴

褚辅成(1873—1948),字慧僧,浙江嘉兴人。日本东洋大学高等警政科毕业。1905年加入同盟会。回国后任嘉兴府商会总理、浙江咨议局议员。辛亥革命后任浙江省议会议长、浙江军政府参事。1913年任众议院议员。1917年赴粤,任护法国会众议院副议长。1925年任善后会议会员。1927年任浙江省政府政务委员兼民政厅厅长。抗日战争时期任国民参政会参政员。1946年任九三学社中央理事。后曾任上海法学院院长。1948年在上海去世。

图17 褚辅成

图18 殷汝骊

殷汝骊（1883—1940），字铸夫，浙江平阳人。早年赴日本留学，入早稻田大学政治经济科。在日本加入同盟会，回国后任湖北法政学堂教习。1912年任南京临时参议院议员。次年当选为国会众议院议员。"二次革命"失败后与弟殷汝耕一起流亡日本。1914年回国，在上海与黄群办《时事新报》。1916年任北京政府财政部次长。次年4月因案被免职，南下广东。1920年任琼崖实业交通事务处处长。后任江苏省银行总经理。1927年后历任福建政治分会委员、福建省政府委员、福建盐运使、福建民政厅厅长。1932年任国民政府文官处参事。全面抗战爆发后赴四川。1940年在成都病逝[1]。著有《闽海治蹉录》等,编有《亡国鉴》。

褚辅成和殷铸夫是营救金九去嘉兴的重要人物。虹口公园炸弹案发生时,他们都在上海。那时他们一起主持由浙江旅沪士绅组成的全浙公会,与浙江省内各地的士绅均有联系。萧铮和殷铸夫是温州同乡,和时任上海法科大学校长的褚辅成此前打过交道。朴赞翊应是通过萧铮的关系联系上褚辅成、殷铸夫的。此外,据《南坡朴赞翊传记》记述,褚辅成与其是北伐中的好友。这也应是褚辅成愿意积极营救金九的一个原因。

关于褚辅成营救金九,有一个细节至今没有定论。那就是金九离开上海时褚辅成是否同行?

《民国人物小传》中的《褚辅成传》称,金九"为日人通缉,褚辅成为之掩饰易装,设法护送嘉兴"[2]。据前述事实可知,金九之"易装"是在费奇家完成,有关资料并未说明当时褚辅成在费家。而费奇《在华八十年》中记述护送金九去上海南站一事,也没有提及褚辅成。但有文章称:"褚

---

1 1941年2月25日,殷铸夫去世一周年,留渝亲友同乡等在宁波同乡会举行公祭,金九亦率同志多人亲与致祭。详见王天松编著《褚辅成年谱长编》,中国文史出版社2012年版,第712页。

2 刘绍唐主编:《民国人物小传》(第十册),上海三联书店2015年版,第337页。

辅成奉命藏匿金九,是在他任上海法科大学校长期间,且亲自带往嘉兴。"¹这显然是说褚辅成是和金九一起离开上海的。

萧铮对此事的回忆是这样的:

> 果夫先生告诉我……现在金九先生在上海非常危险。你们想一想法子。因为果夫先生知道我同浙江的关系很深,他希望我带他到浙江去。……因为我在浙江嘉兴认识曾经当过浙江省主席的褚辅成先生……所以金先生同他的主要左右,可以托付给褚先生。那时,褚先生恰在上海,因此,托褚先生联络好,托他带金九先生他们到嘉兴,住在嘉兴。²

萧铮只是说托褚辅成带金九去嘉兴,并没明确讲褚辅成是和金九一同离开上海的。因此,当费奇夫妇护送金九去上海南站时,褚辅成在做什么,就是值得研究的话题。褚辅成当时是在上海和金九分头行动,在嘉兴会面,还是已在嘉兴接应金九,还需相关史料来说明。

---

1 金健人主编:《韩国独立运动研究》,学苑出版社1999年版,第138页。
2 萧铮:《中国国民党和金九》,载《韩国独立运动史资料集》(中国人士证言),第176页。转引自石建国《中国境内韩国反日独立复国运动研究》,浙江大学出版社2014年版,第123页。

金九在嘉兴受到的保护

从1932年6月到嘉兴,至1935年11月韩国临时政府总部从镇江迁至南京,金九主要生活在嘉兴。这段时间虽不算长,但在金九个人生活史和韩国临时政府史上却是一个极为重要的转折时期。这一时期,金九成功躲避了日本便衣的抓捕,调整了韩国临时政府的走向,是其个人和韩国临时政府起死回生的几年。而之所以能够有起死回生的转折,除了他的自我保护,关键在于得到了国民政府和褚辅成等嘉兴人士的合力保护。

化名张震球的"张先生"

徐万民的《中韩关系史》对金九在嘉兴的生活状态有一简要说明:"金九化名张震球、张震,住过褚辅成的养子陈桐荪的亭子间，陈桐荪夫人朱氏在海盐娘家的山间别墅，嘉兴严家浜农民孙用宝的家，有时就住在游船上。多次暴露行迹，多次转移住处。日本情报机构在上海严密搜查后，不见金九的踪影，怀疑他躲在铁路沿线，便派出大批密探，在京沪路、沪杭路沿途侦察，还是一无所获。"[1]因在嘉兴期间一直处于日本密探抓捕威胁中，金九在嘉兴一直处在漂泊之中。这种漂泊自是无奈之举，但也是自我保护的一种手段。

金九到嘉兴后即化名张震球、张震，"自称是广东来的商人以掩盖他说中国话尚不流畅的缺点"[2]，这也是一种自保措施。改姓张，是因其祖母姓张。那叫"震球"或"震"是什么原因呢？《屠倭实记》中有这样一句话："昨年，先生深感不为非常之举，不足堕倭胆而动世之观听。"[3]虹口公园炸弹案是金九策划的"非常之举"，已达到了"堕倭胆而动世之观听"的目的。"震球"显然是延续"动世之观听"

---

[1] 徐万民：《中韩关系史·近代卷》（第2版），社会科学文献出版社2014年版，第270页。陈桐荪即陈桐生。

[2] 张令澳：《我所知道的韩国临时政府》，载《世纪》2001年第1期。

[3] 韩人爱国团编写：《金九先生小传》，载《屠倭实记》，韩人爱国团发行，1932年12月1日，第3页。

的意思。

因金九化名张震球,当时接触过金九的嘉兴人只知有一位"张先生""张伯伯"[1],并不晓得金九其人。在孙桂荣老人的记忆中,张震球放在他家的那箱子"书"险些给他带来灾祸。《金九先生避难嘉兴严家浜纪实》(孙桂荣口述,许懋汉、鲍翔麟整理)写道:

> 记忆特别深刻的是,有一次,张先生到嘉兴去装了一只大木箱来。船到河埠头,要我父亲帮忙,说是一箱子书,所以很沉,必须有四个人才能扛上来。并叮嘱我父亲,这一箱子书一定要保管好,不能受潮。张先生特别重视这箱书,在8月离开严家浜前,特地拿一张纸条,上写"张震球"三个字(张先生的名字),并撕成左右两半,一半给我父亲,一半带走。说今后如有人来取这箱书,必须先拼对这纸条,必须"张震球"三字拼对上,方可给他,否则谁来取也不能给。我家非常尊敬张先生,所以对张先生的叮嘱非常重视,一直十分小心地保护好这箱书。
>
> 1937年11月,日军侵占嘉兴后,烧杀掳掠,无恶不作。

---

[1] 金九是陈桐生之子陈国琛记忆中的"张伯伯"。

因此，我和父母非常担心张先生托我们保管的箱子的安全。有一天夜里，我们偷偷把原来埋在地里的箱子挖出来，用棒撬开看看里面究竟是什么。谁知不看还好，一看吓得我们瘫倒在地，半晌说不出话来。天哪！这哪里是什么书籍，原来是一箱炸弹！形状像水壶、饭盒、电筒。这时，张先生早已离开嘉兴，寄父一家也逃难走了，我们没处商量，只好又把这箱炸弹重新埋回地里，并将埋箱子的这块地都翻了一遍，以免引起别人怀疑。过了一段时间，又趁天黑拿出来，看看是否出毛病，然后再深埋，但是后来为了这箱"书"，我家还是遭了一场大祸，差点丢了性命。

那是1938年农历六月初十夜里，村里来了一伙强盗。他们知道我家曾经接待过一个广东商人，并有一箱东西寄放在我家，所以以为这东西一定是金银财宝。强盗闯入我家后就翻箱倒柜，逼着我家交出这只箱子。这时父亲翻墙逃走了，强盗就抓住了母亲和我。开始是打骂，见我们不说，又把我们捆绑在长凳上，拿来一桶洋油（即煤油），用棉花浸透油后，放在我们母子的肚皮上，用火点烧，把我们母子俩的皮肉烧得吱吱响，从胸口到肚皮全烧焦了。我和母亲痛得死去活来，但就是咬紧牙关不说。就这样，一直折腾到天亮，强盗才走。我和母亲的伤，后来慢慢好了，但是留下了永久性的伤疤，终身成了"花肚皮"。[1]

金九离开嘉兴后还和孙桂荣家有联系,《金九先生避难嘉兴严家浜纪实》写道:"张先生离开嘉兴后到了南京,他曾从南京多次写信给我家,表示感谢和怀念。有一次去杭州公干,还特地绕道嘉兴,到严家浜来看望我们一家人。当他知道我不久前结婚,还按中国习惯,给我们夫妻俩见面钱。……张先生回国后,曾寄来过一张照片,这也是我家与张先生的最后一次联系。"[2]

褚辅成家族的民间保护

金九在嘉兴主要得力于褚辅成家族的保护,首先是为其提供避难的住房。金九在嘉兴时主要住在梅湾街76号,临时政府部分要员和家属则住在日晖桥17号。据《南坡朴

---

1 嘉兴市政协文史资料委员会编:《金九在嘉兴》,浙江人民出版社1998年版,第34页。
2 嘉兴市政协文史资料委员会编:《金九在嘉兴》,浙江人民出版社1998年版,第35页。

赞翊传记》记载：

> 褚辅成的儿子把工厂的一些房屋让给临政，作为青年训练场。
> 褚凤章安排的金九避难处跟临政要员的住处有一定的距离。为了安全，知道金九住处的只有南坡、严恒燮、褚凤章等几个人。[1]

文中所称"金九避难处"即梅湾街76号，距临时政府部分要员和家属所住的日晖桥17号只有两百多米。

梅湾街76号现在是重要的金九纪念地，它由金九之子金信确认，1996年由嘉兴市政府修缮改造为嘉兴市文物保护单位——金九避难处。

---

[1] 嘉兴市政协文史资料委员会编：《金九在嘉兴》，浙江人民出版社1998年版，第17页。

图19 梅湾街76号金九避难处（摄于2018年2月13日）

张令澳《我所知道的韩国临时政府》这样描述梅湾街76号：

这是褚的义子陈桐生家的老屋，一幢两层木结构的民居，两开间宽，前后有三进院子，处在僻狭的小巷中，不引人注目，为了隐蔽安全，金九住在最后一进靠南湖边的半西式小楼里，楼上是卧室，楼下两小间是日常活动之处，有小

图20　梅湾街76号二楼金九卧室（摄于2017年7月15日）

天井相隔，西边一间并有通往湖边小道的后门，那儿雇有嘉兴船娘朱爱宝停泊的小船，随时能够从水路向南湖各个方向转移。平时，除陈桐生和内眷至亲外，不允许任何人到后边小楼里去。因之，金九住在那里十分安宁，若前边一有动静，可以从容地从后边水路出走，十分方便。[1]

---

[1] 张令澳：《我所知道的韩国临时政府》，载《世纪》2001年第1期。

由此可知褚家选择梅湾街76号确实用心良苦。

梅湾街76号原是陈桐生的住宅。陈桐生,号和钧,抗战前曾在山东青岛和嘉兴县政府工作,后在嘉兴南门外市街办了一个小农场。抗战期间在褚凤章开办的昆明云丰纸厂工作,后又给褚辅成做了一段时间秘书。抗战胜利后回到嘉兴,在南门开办了一个茧厂,又任嘉兴救济院院长。[1] 1933年陈桐生和金九等人拍过一张合影(图21),拍摄地点不详,或许就在梅湾街76号。

图21 左起:金九、陈桐生、李东宁、严恒燮

---

[1] 陈国琛:《往事的回顾——缅怀尊敬的金九先生》,载嘉兴市政协文史资料委员会编《金九在嘉兴》,浙江人民出版社1998年版,第23页。

张令澳《我所知道的韩国临时政府》对日晖桥 17 号也有记载：

离开梅湾街 76 号约 200 米外的日晖桥 17 号，是一座古老的石库门大院，四开间两层楼，前有空旷的庭院和高大围墙。原为一褚姓商人所建，现为秀纶丝厂的栈房，该厂因世界经济不景气而停工，这所房屋也空关着，现在用作临时政府一批年老资深的要员避难之所倒也合适。一时栖身在这座大院里的有李始荣、赵琬九、李东宁、车利锡、宋秉祚、曹成焕、闵石麟等各家。金九的老母一度也来此居住过。[1]

这里所说的"褚姓商人"即褚凤章。褚凤章（1896—1951），字汉雏，褚辅成长子。早年就读于烟台海军学校。1917 年赴美国留学，先在伍斯特工艺学校学习。1918 年 10 月转入麻省理工学院学习电气工程，1920 年获学士学位，1921 年获理科硕士学位。1924 年任嘉兴禾丰造纸厂协理，同年与郑松舟等发起创办《嘉兴商报》。1927 年后任浙江

---

[1] 张令澳：《我所知道的韩国临时政府》，载《世纪》2001 年第 1 期。

省电政监督、浙江省煤油特税局局长，后改任财政部派驻山东财政专员，兼任青岛市电政监督。后又任国民党政府文官处参议、浙江省建设厅处长。1930年嘉兴禾丰造纸厂改组为民丰造纸厂，任工程师。1933年任民丰及杭州华丰造纸厂总工程师，嘉兴蚕丝公司经理。抗战全面爆发后赴云南创办云丰造纸厂，任总经理。抗战胜利后回浙江，仍任嘉兴民丰、杭州华丰造纸厂总工程师，后定居上海。

金九寄寓嘉兴不久，听说日寇怀疑他潜伏在江浙一带，已派出大量密探到沪杭、京沪铁路沿线侦察。经褚凤章打听，果然有日本便衣到嘉兴火车站调查乘客踪迹。因此，褚凤章、陈桐生决定将金九转移到嘉兴海盐褚夫人朱佳蕊娘家避难。

"褚凤章夫人芳名朱佳蕊，系褚的继室，结婚不久，刚生下一个婴儿，她为人贤淑，品貌秀丽，娘家是海盐首富，住宅非常宽敞，唯往来亲友繁多。为了安全起见，褚凤章决定，要他太太单独带一个婢女陪金九去离城40余里的南北湖一所避暑山庄——载青别墅暂住。"[1]

朱佳蕊（1904—1955），浙江海盐人。1923年毕业于嘉兴初级女子师范学校，后回海盐小学任教。1931年与褚

---

[1] 张令澳：《我所知道的韩国临时政府》，载《世纪》2001年第1期。

图22 前排左起：许秀生（陈桐生夫人）、郑靖和（金毅汉夫人）、李宪卿（闵石麟母亲）、延薇堂、朱佳蕊；后排左起：陈桐生、XXX、金毅汉、李东宁、朴赞翊、金九、严恒燮、褚凤章

凤章结婚。抗战全面爆发后带全家去浙东逃难，后与褚凤章去云南昆明。抗战胜利后定居上海。1932年冬，金九和韩国临时政府要员曾在褚家与褚凤章夫妇等合影（图22）。

国民政府的暗中保护

关于国民政府保护金九的基本情况,吴达、杨芳茵的《悲故国沉沦之思 感唇齿相依之情——金九避难南北湖》中有简要的记述:

时任江苏省主席的陈果夫得知后即令其部属萧铮赴浙江处理金九行政管理各问题,解决金九一派人士离开上海之后的一切所需。萧铮的同乡殷铸夫与浙江省辛亥革命元老褚辅成相熟,于是介绍金九等前往浙江嘉兴褚辅成家暂住。褚辅成表示愿负担一切。为安全起见,萧铮同浙江省保安处长蒋伯诚密谈,请他注意保护金九,蒋伯诚"拍胸承当安全之责"。而国民政府最高当局也表现出异乎寻常的关心。另从德国召回罗霞天等人负责暗中秘密保护。因此,日帝虽以六十万大洋悬赏缉捕金九,依然是徒劳枉然。国民政府秘密保护韩国独立运动领袖金九的计划得以顺利实施。[1]

---

1 吴达、杨芳茵:《悲故国沉沦之思 感唇齿相依之情——金九避难南北湖》,载金健人主编《韩国独立运动研究》,学苑出版社1999年版,第128—129页。

文中提及的蒋伯诚是浙江省保安处处长，能动用浙江官方的保安力量来保护金九。蒋伯诚（1889—1952），浙江诸暨人。早年在杭州师范学堂学习，继入苏州武备学堂，毕业后任保定军官学校教官。曾参加护国战争。北伐战争时任国民革命军第一路军参谋长。1927年任浙江省政府军事厅厅长、浙江省防军总司令、浙江省政府代主席等职。抗战全面爆发后在上海组织敌后地下工作。1944年间被日本宪兵队捕获。抗战胜利后任中央军事委员会委员长驻沪代表，责令汪伪上海市市长周佛海维持上海秩序，等候接管。上海解放前夕，以身体衰弱弃政多年为由未赴台湾。1952年病逝于上海。

图 23　蒋伯诚

图 24　贡沛诚

蒋伯诚是通过浙江的保安系统来保护金九，但不负责和金九直接联系，为及时掌握金九的安全情况，萧铮派贡沛诚与金九联络[1]。

贡沛诚（1895—1986），江苏武进人。1917年毕业于国立南京高等师范学校。1925年入国立东南大学教育系学习，

---

[1] 萧铮后来回忆营救金九的过程时写道："那时，褚先生恰在上海，因此，托褚先生联络好，托他带金九先生他们到嘉兴，住在嘉兴。住嘉兴的时候有一位替我联络的人，他叫贡沛诚。"见萧铮《中国国民党和金九》，载《韩国独立运动史资料集》（中国人士证言），第176页。转引自石建国《中国境内韩国反日独立复国运动研究》，浙江大学出版社2014年版，第123页。

1927年毕业。1929年赴德国留学，入柏林大学经济地理系。1932年毕业归国。此后历任中央政治学校训导、中央政治学校附设边疆学校副主任兼研究部边务组组长、甘肃省第六区行政督察专员、甘肃省第一区行政督察专员、重庆市政府地政局局长、重庆市政府秘书长、浙江省政府委员、浙江省建设厅厅长。1952年后历任芜湖市第四中学地理教员、镇江市政协委员、江苏省文史研究馆馆员。著有《县政经验谈》《鸟瞰河西走廊》。

萧铮派贡沛诚与金九联络，有公私两方面的原因。公，自然是与金九联系需要一位得力人士来担任；私，是因为贡沛诚和萧铮都曾留学德国，是国民党驻德支部成员[1]，有私交。

此外，萧铮派"罗霞天等人负责暗中秘密保护"，就在蒋伯诚的保安系统之外，又设置了一层保护网。罗霞天和贡沛诚、萧铮都是国民党驻德支部成员，因此保护金九虽是国民政府高层的计划，但重要任务的具体实施却是由萧铮和他的朋友来负责的。1938年金九在长沙遇刺后，蒋介石派

---

[1] 贡沛诚：《留欧回国抗战纪实》，载中国人民政治协商会议江苏省暨南京委员会文史资料研究委员会编《江苏文史资料选辑 第22辑·抗战纪事》，江苏古籍出版社1987年版，第10页。

罗霞天前去慰问,"并送去慰问金三千元"[1]。

罗霞天(1898—1980),浙江於潜(今临安)人。早年在杭州求学期间,被选为杭州学生会会长、杭州各界联合会总执事。曾以刘大白等为师,刘为其取名霞天。1919年创办《浙江日报》,主持笔政。1921年赴德国柏林大学政治系学习。1924年毕业回国,历任广州黄埔军校政治教官、黄埔军校航空班教官。1925年任中央航空学校政治总教官。北伐战争时任中央军校杭州特训班教官。1930年任中央政治学校训导长、庐山中央训练团党政班主任教官。1932年4

图25 罗霞天

---

[1] 许懋汉:《金九、金信与蒋家父子》,载《名人传记》2007年第1期。

月29日,虹口公园炸弹案发生后,暗中掩护金九等韩国临时政府人员。1933年任笕桥中央航空学校政治总教官。1936年任浙江省政府委员。抗日期间历任国立政治大学训导长、国民党浙江省党部主任委员、国民参政会参政员、国民党中央执行委员等职务。1946—1948年,历任国大代表、监察委员、立法委员等职。1980年在台湾病逝。著有《唯诚论》等。

船娘朱爱宝的角色

金九认为和知识女性一起生活更容易暴露,不如托身于没有知识的船娘朱爱宝,因此1932年到嘉兴后一直和朱

图26 朱爱宝

船 月

夏辇生 著

图27 中文版《船月》书影

爱宝生活在一起。后来金九去南京又把朱爱宝带去,直至1937年金九逃离南京两人才分开。

20世纪90年代开始,金九和朱爱宝的故事被改编为小说和话剧。1999年人民文学出版社出版了夏辇生创作的长篇小说《船月》,在韩国产生了一定的影响,还出版了韩文版。

图28 韩文版《船月》书影

2002年袁军的话剧《血火情深》在浙江省第九届戏剧节上演,把金九和朱爱宝的故事搬上了戏剧舞台。2003年《血火情深》在《戏文》第1期发表。以往的资料多称朱爱宝是褚辅成家常雇佣的船娘,并没有更详细的说明。《血火情深》的人物表则有这样的介绍:朱爱宝,褚辅成儿媳的远亲,褚家帮佣,出场时二十岁。[1]

---

1 袁军:《难行集——袁军剧作选》,中国戏剧出版社2003年版,第328页。

图29 《血火情深》演出节目单

《血火情深》中有段对话呼应了这个说明：

金　九　爱宝真是一位好姑娘，忠贞贤淑，尤其她那摇船技术实在令人佩服。

褚辅成　她原是南湖上的船娘，驶船是她的本行；也是我家儿媳的远亲，眼下在我家帮佣。她人很老实，没念过书，但知礼懂事。

金　九　噢。

褚辅成　为了安全，今后你少不了要在她船上生活。由她照顾一切，是可以放心的。

金　九　多谢慧公的细心安排。[1]

但不论是《船月》，还是《血火情深》，都将金九和朱爱宝处理为同居的爱人关系。对于金九和朱爱宝的这种关

1　袁军：《难行集——袁军剧作选》，中国戏剧出版社2003年版，第343页。

系，柳子明[1]有这样的回忆："……白凡先生与中国女子朱爱宝同居，开始朱爱宝是为了生活，为了每月15元钱。但实际上，他俩的生活已超越这种单纯的目的。我每次去白凡先生家时，他和她都显得亲密无间，真是一对好夫妻。而且，白凡先生与朱爱宝同居后精神状态比任何时候都好。"[2] 其实除了同居爱人这个角色，朱爱宝在一定程度上还充当了金九的交通员的角色。

---

[1] 柳子明（1894—1985），朝鲜忠州人。早年在水原农林学校学习。1919年到上海，经吕运亨介绍，加入新韩青年党，后成为韩国临时政府临时议政院议员。1922年秋在天津负责义烈团宣传工作。后辗转广州、武汉等地。1927年避难至南京，直至抗战爆发一直致力于"中国理想村"建设活动。1929年在福建泉州黎明高中教授生物学。1930年至1935年在上海立达学院教授农业和日语，其间与安恭根等人组建了南华韩人青年联盟，任议长和对外联络负责人。1931年11月参加了王亚樵等提议组织的抗日救国同盟。1934年带领立达学院学生在南京青龙山第一农场实习。1935年在国民党政府建设委员会下属的东流实验农场指导园艺工作。此后在福建、广西等地从事园艺研究。中国全面抗战爆发后，为中韩战线联盟奔走出力。1940年携妻子赴福建，在福建省政府农业改进处指导园艺工作。1941年12月，受马宗融之邀，前往桂林灵枣农场工作。后在重庆参加韩国独立运动，1942年当选为韩国临时政府议政院议员。1944年在福建省政府邀请下担任福安县溪柄农场筹备处主任。1946年至台湾任农林处技术室主任。后因朝鲜战争爆发未能回国，至湖南农学院任教。

[2] 金云龙：《金九评传》，辽宁民族出版社1999年版，第191页。

金九在《白凡逸志》中这样记述他和朱爱宝的生活:"我又从严家浜到砂灰桥严恒燮和五龙桥陈桐荪家,轮换着在他们两家住宿,白天则乘坐朱爱宝的船,来往于运河中,欣赏农村风光,这成了我每天的课程。"[1] 单看这个记述,很容易认为朱爱宝只专门负责金九的交通接送。其实除此之外,她还为金九接送临时政府的要员,实际上是担任了交通员的角色。据陈桐生之子陈国琛《往事的回顾——缅怀尊敬的金九先生》记载:"那时有一位赵先生坐朱爱宝的船来,请张伯伯一同到船上,摇到外港去谈话,然后又把张伯伯送到孙家,再把赵先生送到嘉兴。赵先生隔两三日便去孙家一次。张伯伯大约住了三四个月后回嘉兴。"[2] 这里的"张伯伯"是指金九,"赵先生"是指韩国临时政府的赵素昂,"孙家"即严家浜桂荣家。显然,朱爱宝充当的是交通员的角色,这一点许多研究者都忽略了。

---

[1] 金九:《白凡逸志》,宣德五、张明惠译,民主与建设出版社1994年版,第231页。

[2] 陈国琛:《往事的回顾——缅怀尊敬的金九先生》,载嘉兴市政协文史资料委员会编《金九在嘉兴》,浙江人民出版社1998年版,第25页。

初到南京与蒋介石会面

关于金九和蒋介石在南京的第一次会面,相关论著尚未有很清晰的记述,就连会面时间也没确认。下面先从会面申请说起,试对此一历史事件的细节作一说明。

会面申请

《韩国独立运动与中国关系编年史(1919—1949)》在"1933年5月"条下对于会面有此表述:"中国国民政府主席蒋介石,通过江苏省主席陈果夫,约见金九。"[1] 先不

---

[1] 石源华、蒋建忠编著:《韩国独立运动与中国关系编年史(1919—1949)》(上卷),社会科学文献出版社2012年版,第549页。

论将这一事件定在1933年5月是否正确，这样的表述很容易让人以为是蒋介石主动约见金九，这就有悖于历史事实了。因此，厘清会面的前因后果就有必要。

其实关于这次会面，当事人金九在其《白凡逸志》中有很清楚的记述：

> 朴赞翊以中国国民党党员的身份，就职于中央党部，他认识很多中央要人，通过他的联系，由党的组织部长、江苏省主席陈果夫先生介绍，我接到了蒋介石将军邀请会见的通知。[1]

很显然，这次会面是金九先提出申请，由朴赞翊向陈果夫提出，最后陈果夫报告蒋介石，蒋介石同意约见，才有后来的会面。

---

[1] 金九：《白凡逸志》，宣德五、张明惠译，民主与建设出版社1994年版，第232页。

蒋介石复电同意见面

关于蒋介石同意与金九会面的细节,《韩国独立运动与中国关系编年史(1919—1949)》中记述较详:

1932年8月10日　蒋介石在汉口致电南京陈立夫转萧铮,称金九等可在南京候见,但金九建议设立骑兵学校事,"着无庸议"。萧铮附注:"四二九"事件后,"余奉命秘藏金氏于苏浙乡间。自此主管韩国光复运动。此电系托欧阳格将军面报蒋公后之复电"。[1]

但"蒋介石在汉口致电南京陈立夫转萧铮"是错误的,因"复电"是欧阳格发出的,蒋介石并未致电陈立夫转萧铮。欧阳格复电原文是这样的:

京陈立夫先行转萧青萍兄鉴:七二三四总座云,金九

---

[1] 石源华、蒋建忠编著:《韩国独立运动与中国关系编年史(1919—1949)》(上卷),社会科学文献出版社2012年版,第512页。

等可在京候见。骑兵学校事着无庸议。弟格灰印。[1]

"灰"代指10日。萧铮的附注说明金九的会面申请是由欧阳格面报蒋介石的。前面提到,这次会面是金九先提出申请,由朴赞翊向陈果夫提出,最后陈果夫报告蒋介石,蒋介石同意约见,才有后来的会面。现在看来,这个表述也只是大概情形。如要丰富其中的细节,至少要加入萧铮和欧阳格。"朴赞翊向陈果夫提出"会面申请,这中间应缺了萧铮这一环。金九称朴赞翊"认识很多中央要人,通过他的联系",才最终接到会面的通知。按照营救金九时朴赞翊和萧铮、陈果夫的关系来看,朴赞翊应当是首先向萧铮说明金九的会面申请,由萧铮向陈果夫报告。那为何后来萧铮又托欧阳格直接面见蒋介石呢?萧铮和欧阳格、贡沛诚、罗霞天回国前都是国民党驻德支部成员,应有一定的私交。托欧阳格当面报告蒋介石,首先应是得到了陈果夫的同意,而当时欧阳格应正好有面见蒋介石的机会,萧铮遂抓住机会托其报告。这样

---

[1] 《蒋介石致肖铮电》,载杨昭全等编《关内地区朝鲜人反日独立运动资料汇编》(上),第206页。转引自徐万民《中韩关系史·近代卷》(第2版),社会科学文献出版社2014年版,第270页。

图30 欧阳格

看来,萧铮与欧阳格的私谊也是促成这次会面的一个小原因,至少加快了这次会面的进程。因此,欧阳格的作用不能抹杀。

欧阳格(1895—1940),号九渊,江西宜黄人。近代佛学家欧阳竟无之子。早年毕业于烟台海军学校第十期。1921年任广东海军豫章舰舰长。1922年陈炯明叛变时护卫孙中山有功,升为舰队司令。此后历任广东国民政府海军局代局长、海军电雷学校教育长、中国国民党第五届中央监察委员等。抗战全面爆发后任江阴江防要塞司令。1937年8月中旬,派出鱼雷快艇在上海重创日军第三舰队旗舰"出云"号。1938年因马当要塞失守而被扣押。1940年被枪决。著有《世界海军军备》,翻译有《意大利法西斯蒂之专政》。

会面时间

关于金九与蒋介石的会面时间,除了《韩国独立运动与中国关系编年史(1919—1949)》中记录的1933年5月外,还有以下几种说法:

1.1932年9月

杨昭全认为依据萧铮的回忆文章,见面时间为1932年9月。[1]

2.1932年12月10日

12月10日,蒋介石邀请金九。两人举行了历史性的

---

[1] 杨昭全:《中国境内韩国反日独立运动史(1910—1945)》(第2卷),吉林人民出版社1996年版,第263页。

会面。[1]

3.1933年1月

1933年1月,蒋介石在南京会见金九,密商双方合作事宜。[2]

4.1933年春

崔凤春认为会面时间是1933年春。[3]

首先,1933年5月的说法是错误的。因蒋介石和金九见面后,他通过陈果夫告知金九,认为韩国临时政府须先"训练一批武官"。1933年2月22日,陈果夫致电萧铮,告以在洛阳军分校开班训练韩国同志事,已接蒋先生复电"应准照办",请即通告韩方。金九随即着手招募学生,聘请教官。[4]这说明2月蒋介石已同意在洛阳军分校训练韩国学生,他和金九见面怎会迟至5月?因此,1933年5月的说法无疑是错的。

---

[1] 徐万民:《中韩关系史·近代卷》(第2版),社会科学文献出版社2014年版,第270页。

[2] 余音:《民国第一侠王亚樵真传》,北方文艺出版社2013年版,第180页。

[3] 崔凤春:《金九特务队研究》,载石源华主编《韩国独立运动研究新探》,社会科学文献出版社2010年版,第64页。

[4] 石源华、蒋建忠编著:《韩国独立运动与中国关系编年史(1919—1949)》(上卷),社会科学文献出版社2012年版,第544页。

欧阳格的复电是1932年8月10日,从时间上看,上述四个说法都有可能。但我认为只有1932年12月10日是正确的。张令澳《侍从室回梦录》称:"在抗战全面爆发前的1932年冬,蒋介石曾秘密接见过金九。"[1]这个记述和1932年12月10日的说法最接近,而张令澳在侍从室工作,他的记载应比较可靠,这也可从侧面证明1932年12月10日的说法是正确的。

会面细节

金九和安恭根、严恒燮赴南京,贡沛诚、萧铮等人代表陈果夫迎接,住在中央饭店。[2]

第二天见面情况金九有较详细记述:

第二天晚上乘陈果夫先生的汽车,带着权充翻译的朴赞翊,前往中央军校内蒋介石将军的官邸。穿着中式服装

---

1 张令澳:《侍从室回梦录》,上海书店出版社1998年版,第78页。
2 金九:《白凡逸志》,宣德五、张明惠译,民主与建设出版社1994年版,第232页。

的蒋先生亲切地接待了我,寒暄过后,蒋主席用简明的语调说:"东方各民族实行符合孙中山先生三民主义之民主政治是比较好的。"我表示同感,并说:"日本侵略大陆的魔爪,时时刻刻侵袭着中国,如果方便的话,单独笔谈几句如何?""好,好。"

因此陈果夫及朴赞翊退出门外,蒋先生亲自拿来笔砚,我举笔写道:"先生若资助百万元,两年之内可在日本、朝鲜、满洲方面掀起暴动,切断日本侵略大陆之后路,先生以为如何?"蒋先生看了以后提笔写道:"请以计划书详示。"我答应照办,退了出来。[1]

中央军校内蒋介石官邸位于南京黄埔路国民政府国防部大院(现南京军区大院内),亦称憩庐。憩庐1929年10月落成,占地面积300平方米,为一座红色西式洋楼,坐北朝南,上下两层。第一层为公务会客与办公场所。蒋氏夫妇在此一直居住到1949年。

---

[1] 金九:《白凡逸志》,宣德五、张明惠译,民主与建设出版社1994年版,第232页。

图31 中央军校内蒋介石官邸(《黄埔月刊》1930年创刊号)

在中央饭店草拟活动计划

金九和蒋介石见面后,应蒋要求在中央饭店草拟活动计划。当时国民政府在金九房屋四周布防了明岗暗哨。[1]

---

1 许慰汉:《金九、金信与蒋家父子》,载《名人传记》2007年第1期。

图 32　20世纪40年代的憩庐

图 33　中央饭店

陈果夫设家宴招待金九

金九对此有简要记述：

第二天，写了一份简单的计划呈给蒋主席后，陈果夫先生在他自己的别墅中招待我，在宴会中将蒋主席的意思转告给我："若靠特务工作来杀死天皇，则会另有天皇，杀死大将，也会另有大将，为将来的独立战争着想，须先训练一批武官。"我立刻说："此乃我之所愿而不敢请者，问题在于训练场所和经费。"[1]

此后，国民政府开始对金九有了实质性的帮助。

国民政府和韩国临时政府开始实质性的合作

张令澳《侍从室回梦录》对蒋介石和金九会面的结果有一说明："在这次谈话后，蒋为金九解决了两大问题：一

---

[1] 金九：《白凡逸志》，宣德五、张明惠译，民主与建设出版社1994年版，第232—233页。

是每月拨补助费5千元,供金九一派生活之用;活动经费则须由金九等订出具体计划,经核准后,在实施时另拨专款。二是由政府保障金九及其他革命志士的安全。以上两条,蒋介石均嘱咐陈果夫负责联络和执行。"[1] 对于这五千元的补助,萧铮的回忆文章中也曾提及:

  金(九)先生同总统(指蒋介石)谈的第一件事是希望总统经常帮助韩国独立党作光复运动。总统后来批每月发五千元给韩国独立党。这个批示交给(陈)果夫先生,果夫交给我来办。这个补助费一直到重庆,民国三十年(公元1941年)才停止。那时这五千元是很大的。[2]

  蒋介石会见金九后,同意为韩国临时政府"训练一批武官"。1933年2月22日,陈果夫致电萧铮,告以在洛阳军分校开班训练韩国同志事,已接蒋先生复电"应准照办",

---

[1] 张令澳:《侍从室回梦录》,上海书店出版社1998年版,第78页。
[2] 肖铮:《中国国民党与金九》,载韩国精神文化研究院编《韩国独立运动史资料集》,第177页。转引自杨昭全《中国境内韩国反日独立运动史(1910—1945)》(第2卷),吉林人民出版社1996年版,第263页。

请即通告韩方。金九随即着手招募学生，聘请教官。[1]

因此，蒋介石与金九的会面，是国民政府与韩国临时政府合作抗日的重要标志。此后，金九在国民政府的财政支持下，在1934年组织大韩国民党，用以支撑陷于瓦解状态的临时政府。1935年11月3日临时政府改组，7名国务委员全是大韩国民党的干部，金九任外务长，掌握了临时政府的实权。[2] 此后，国民政府与韩国临时政府的合作开始变得紧密，并逐渐深化。

---

1 石源华、蒋建忠编著：《韩国独立运动与中国关系编年史（1919—1949）》（上卷），社会科学文献出版社2012年版，第544页。
2 徐万民：《中韩关系史·近代卷》（第2版），社会科学文献出版社2014年版，第271页。

金九在南京的秘密活动

1933年2月22日,陈果夫致电萧铮,告以在洛阳军分校开班训练韩国同志事,已接蒋先生复电"应准照办",请即通告韩方。金九随即着手招募学生,聘请教官。同年3月10日,金九致函国民党中央组织部对韩联络人萧铮,除表示感谢关照一切外,复称"本助人助到底之义,将合作大业早见实现,是为至盼,余容面详,特此敬候近佳"[1]。这样,在金九与蒋介石见面后,国民政府和韩国临时政府开始有了实质性的合作。

由于金九当时仍处在日本特务组织的搜捕之中,他所领

---

1 石源华、蒋建忠编著:《韩国独立运动与中国关系编年史(1919—1949)》(上卷),社会科学文献出版社2012年版,第545页。

导的韩人爱国团、韩国特务队独立军、学生训练所"以三元体制运行,由金九身边的安恭根、安敬根、卢钟钧、吴勉植等人具体负责各团体的实务。如果说韩人爱国团承担了同中国国民政府进行接触和协调的工作,那么,韩国特务队独立军则是作为前卫部队对日寇进行直接的武装斗争,学生训练所则是进入中国中央陆军军官学校的预备教育训练机构"[1]。

韩国特务队

关于韩国特务队的情况,沐涛、曹军在《论20世纪30年代韩国独立运动在南京的军事人才培养活动》中有较为详细的记述:

早在韩人特别班成立之前,大韩民国临时政府在20世纪30年代初根据"九一八"事变之后的中国抗战形势,确立了以特务活动为主要形式的抗日方案,据此成立了隶属临

---

1 沐涛、曹军:《论20世纪30年代韩国独立运动在南京的军事人才培养活动》,载石源华主编《韩国独立运动研究新探》,社会科学文献出版社2010年版,第184页。

时政府的秘密特务队,其实体就是韩人爱国团。在韩人特别班办班过程中,金九与李青天发生不和,金九指派自己属下的学生退学,作为一种临时方案,将部分人派到南京中央陆军军官学校中学习,将这批抗日斗争力量纳入自己的指挥之下。1934年底,以这批学生为核心,金九组建了韩国特务队独立军,本部设在南京城内的木匠营高岗里1号,又称"金九俱乐部"。

特务队以金九为队长,安恭根为参谋,下辖7个分队,到1935年9月时共有队员76名。其组织原则是:第一,以军事性武装修养为目的;第二,背叛组织的目的,或违背领袖的命令,与其他党派来往而向敌人出卖自己同志者,以叛徒罪名论处;第三,本组织为了韩国革命而武装自己,实行破坏帝国主义的政策,以打倒帝国主义为目的进行军事活动。[1]

这里写明韩国特务队的成立时间是1934年底,但《韩国独立运动与中国关系编年史(1919—1949)》中却有另

---

[1] 沐涛、曹军:《论20世纪30年代韩国独立运动在南京的军事人才培养活动》,载石源华主编《韩国独立运动研究新探》,社会科学文献出版社2010年版,第182页。

外两个说法：一是1934年12月说，出现在第567页；一是1935年1月中旬说，出现在第569页。为什么一本书有两种说法呢？请先看这两种说法各自的表述：

（1934年）12月　金九俱乐部主要成员安恭根等及中央军校韩籍学生二十七八人在南京城内高安里1号举行"金九先生投身革命活动四十周年纪念祝贺会"。金九因安全问题没有出席。来宾有朝鲜义烈团金若山及其他友党干部两名。安敬根主持会议，安恭根陈述金九先生40年来的革命经历，金若山致祝词，朱晓春击节赞赏，金东山替其父致答词，后在南京中华路老万春酒店设简单的祝贺宴会，招待全体与会者。[1]

（1935年）1月中旬　金九派成员30多人集会成立秘密组织——特务队。考虑安全问题，金九没有出席会议。安恭根主持会议，指出"到今日为止，金九先生给各位提供各种生活费和学费，使大家能够安心学习，理当向他致敬。今

---

[1] 石源华、蒋建忠编著：《韩国独立运动与中国关系编年史（1919—1949）》（上卷），社会科学文献出版社2012年版，第567页。

天我们聚在一起成立爱国团特务队,这是一支朝鲜革命先锋队,同时也是将来统一朝鲜革命运动团体的基本组织。从今天起,大家作为特务队员,应该认识责任重大,必须绝对服从队长命令,希望大家在严格的纪律和统制之下,能够站在朝鲜革命第一线努力献身"。[1]

对比这两段文字不难发现,该书编者把两种说法分别写在两个年度中,是因为他们疏忽了金九俱乐部和金九特务队是韩国特务队别称,不是两个组织。细看此书发现,第一种说法来自崔凤春《金九特务队研究》[2],崔文在"1935年1月中旬"下有注释:"日帝情报资料记载:金九特务队成立时间为1934年11月或12月。"沐涛、曹军《论20世纪30年代韩国独立运动在南京的军事人才培养活动》将成立时间写作"1934年底",也应是参考了日帝情报资料记载。看来成立于1934年比较可信,具体时间则还需继续查考。

---

1 石源华、蒋建忠编著:《韩国独立运动与中国关系编年史(1919—1949)》(上卷),社会科学文献出版社2012年版,第569页。
2 崔凤春:《金九特务队研究》,载石源华主编《韩国独立运动研究新探》,社会科学文献出版社2010年版,第69页。

成立地点，沐涛、曹军《论20世纪30年代韩国独立运动在南京的军事人才培养活动》称是木匠营高岗里1号，而《韩国独立运动与中国关系编年史（1919—1949）》误作高安里1号。

特务队通讯地址为南京城内奇望街邮局信箱125号及7号。奇望街邮局建成于1923年，旧址位于今南京市秦淮区建康路110号。1935年奇望街拓宽成新式马路，改名为建康路，奇望街支局遂更名为建康路邮政支局，一直沿用到2000年年底。

图34 奇望街邮局旧址（原载《上海画报》1930年第631期）

韩国特务队以创建韩国独立军为目标，同时派遣队员潜入朝鲜、中国东北和关内各大城市招募朝鲜青少年，培养了大批军事人才。此外，特务队还发行机关杂志《新民》，队员可自由投稿。每逢重要纪念日，特务队还召集全体队员开展纪念活动。[1]

1935年10月中旬，因日本关东军特务机关长土肥原贤二阴谋策反金九特务队队员李雄、郑凤镇，导致该队部分成员不明真相地加入李雄谋刺蒋介石案（李雄等企图利用中国国民党举行第五届全国代表大会之机，谋杀蒋介石及其他南京政府要员），"使金九特务队遭遇重创，参与该事件的该队成员，或离开革命队伍，或转入其他党派，或被逮捕和自首投案，特务队内情暴露无遗。金九考虑中方立场，宣布该队解体"[2]。

1937年南京沦陷后，高岗里1号成为"维新政府"南京警察厅三等队附李汝聪住宅。[3]

---

1 石源华、蒋建忠编著：《韩国独立运动与中国关系编年史（1919—1949）》（上卷），社会科学文献出版社2012年版，第570页。

2 石源华、蒋建忠编著：《韩国独立运动与中国关系编年史（1919—1949）》（上卷），社会科学文献出版社2012年版，第582页。

3 见《维新政府内政部暨附属各机关职员录》，民国二十九年三月。

学生训练所

关于学生训练所,《韩国独立运动与中国关系编年史（1919—1949）》中有这样的记载：

（1935年）2月　金九在南京城内东关头32号秘密创办学生预备训练所（兼用宿舍），又称"特务队预备训练所"，或称"中央军校第11期预备班"，对外称"蒙藏训练所"。该训练所按照中央军校教育标准，聘请军校中国教官或军校韩籍生（王衡）施教，主要内容是预备教育，包括革命精神教育、初等军事教育及基础文化教育。中方派遣军警或便衣实行警戒，安氏兄弟负责外交后勤工作，杨东宇、金东山等负责监督工作，郑成彦讲授文化课。金九除了免费提供住宿及伙食之外，还给每个学生每月津贴10元。[1]

沐涛、曹军的《论20世纪30年代韩国独立运动在南京的军事人才培养活动》中有关学生训练所的记载要更详细

---

[1] 石源华、蒋建忠编著：《韩国独立运动与中国关系编年史（1919—1949）》（上卷），社会科学文献出版社2012年版，第572页。

一些:

队员每天早晨7点起床,晚上10点就寝,主要学习汉语、几何、代数等学科,另外接受韩国特务队独立军干部们的精神教育。但由于师资和经费的困难,学生接受的学科教育并没有专业人员的教授,只是在汉语、几何、代数等方面有一定基础的队员领导下进行自学,干部的作用则是对队员进行指导和监督。

学生训练所对外严格保密,对外称"蒙藏训练所",不仅金九派的军校青年不允许出入,训练所的学员甚至都不允许与韩国特务队独立军本部有任何往来,实行严格的封闭式军事化管理。……虽然学生训练所的运行如此严密,但还是于1935年6月被日方情报机构察觉。为躲避日方搜查,学生训练所曾于1935年6月下旬转移到江苏省宜兴县张渚镇龙池山澄光寺。9月返回南京后,被暂时安置在八宝后街23号金九母亲住处。不久,由于学员李雨情、金丽水被日本驻南京总领事馆的警察抓走,10月6日,学生训练所的地点被迫迁到蓝旗街8号,其活动也更趋机密。

学员人数最初只有十几名,到1935年5月时增至47名,但后来因为有些人自行离队而有所减少。[1]

学生训练所为何对外称"蒙藏训练所"呢？因学生训练所所在的东关头32号位于南京中华门内建康路与七里街之间白鹭洲公园附近，是原国民政府蒙藏委员会旧址。据韩相祷《南京与韩国独立运动》记载，东关头32号是"两栋中国式单层建筑"[2]。

蓝旗街8号，据崔凤春考订，位于今南京市御道街与护城河之间，南起光华东街，北到标营，因清代蓝旗衙门在此而得名。蓝旗街7号、8号及9号中间原有一座圆井，今废。[3]

1935年10月6日，学生训练所迁至蓝旗街8号。在此之前，蓝旗街8号曾被国民政府立法委员史尚宽租住。

---

1 沐涛、曹军：《论20世纪30年代韩国独立运动在南京的军事人才培养活动》，载石源华主编《韩国独立运动研究新探》，社会科学文献出版社2010年版，第183页。
2 韩相祷：《南京与韩国独立运动》，载《南京大学学报（哲学社会科学版）》1996年第3期。
3 石源华、蒋建忠编著：《韩国独立运动与中国关系编年史（1919—1949）》（上卷），社会科学文献出版社2012年版，第582页。

史尚宽（1899—1970），字旦生，安徽桐城人。1917年赴日留学，毕业于东京帝国大学法律系，后入柏林大学法律研究所留学，两年后转法国巴黎大学研究政治经济。1927年归国后，任教于广州中山大学法学院。1929年当选为国民政府立法委员。抗日战争爆发后任立法院法制委员会委员长。1941年任考试院秘书长兼法规委员会主任委员。1947年当选为国大代表。1949年去台湾，任教于台湾东吴大学。著有《民法总则释义》《民法原论总则》等。

1933年11月29日，史尚宽承租蓝旗街8号的声请登记称，"该地东至倪姓及标营，南至走路，西至蓝旗街，北至标营，

图35 史尚宽

计面积四十一亩九分零三毫六丝"[1]。此处对蓝旗街8号范围的说明，特别是对面积的精确记载，对崔凤春的考订是个有力的补充。因蓝旗街8号要容纳四十多名学员学习生活，必须有一定的空间，41亩地能满足这个需要。

1935年11月中旬，学生训练所的学员被遣散到各地后，训练所正式停办。有的学员后来和韩国特务队独立军一起被编入韩国国民党青年团。

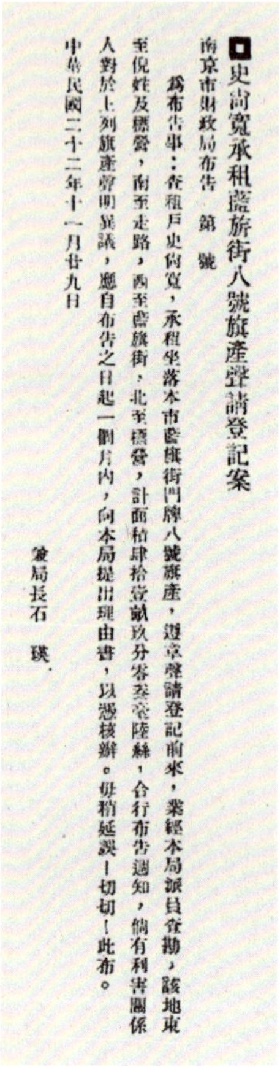

韩国国民党青年团

韩国国民党青年团是韩国国

史尚宽承租蓝旗街八號旗產聲請登記案

南京市财政局布告 第 號

為布告事：查租戶史尚寬，承租坐落本市蓝旗街門牌八號旗產，遵章聲請登記前來，業經本局派員查勘，藪地東至倪姓及標營，南至走路，西至蓝旗街，北至標營，計面積柏肆拾壹畝玖分零叁毫陆絲，合行布告週知，倘有利害關係人對於上列旗產亟明異議，應自布告之日起一個月内，向本局提出理由書，以憑核辦。毋稍延誤！切切！此布。

愛局長石 琪

中華民國二十二年十一月廿九日

图36 史尚宽承租蓝旗街八号旗产声请登记案

---

[1] 《史尚宽承租蓝旗街8号旗产声请登记案》，载《南京市政府公报》1933年第135期。

民党青年前卫组织，也是金九特务活动的核心势力。欲了解韩国国民党青年团，先要了解韩国国民党。《韩国独立运动与中国关系编年史（1919—1949）》这样介绍韩国国民党：

（1935年）11月　金九在韩国临时政府遭遇严重困难、面临解体的情况下，模仿中国国民党在镇江发起创建韩国国民党，主张"三均主义"及土地收归国有政策。金九任理事长，李东宁、宋秉祚、赵琬九、车利锡、金朋濬、安恭根、严恒燮为理事，李始荣、曹成焕、杨墨等人为监事。党本部设南京蓝旗街8号，设置调查、行动、特务、交通、联络5部，并在上海设立支部，该党成为坚定支持临时政府生存和发展的基础政党。[1]

韩国国民党成立后，转年就成立了韩国国民党青年团。崔凤春《金九特务队研究》对该组织有简要介绍：

1936年春，金九派青年开始筹建韩国国民党青年前卫

1　石源华、蒋建忠编著：《韩国独立运动与中国关系编年史（1919—1949）》（上卷），社会科学文献出版社2012年版，第584页。

组织，招募青年约20名。7月11日，正式成立韩国国民党青年团，并发表创立宣言，本部仍设在南京城内蓝旗街8号。团长金东山，主要团员有王仲良、金东洙、卢无雄、赵东润、高一鸣、王信虎、王衡、赵时济（赵素昂长子）、金永新、廉大达、李在贤、金尚稷、桂春城、钱鲜鹤等。[1]

韩国国民党和韩国国民党青年团总部都在蓝旗街8号，可见这里是韩国临时政府金九派在南京活动的大本营。此前金九成立的韩国特务队和学生训练所成员多被编入了韩国国民党青年团。1936年8月27日，韩国国民党青年团还在上海创办刊物《韩青》，进行反日复国宣传[2]。

搜集日本情报

金九到南京后的主要活动之一就是为国民政府提供日

---

[1] 崔凤春：《金九特务队研究》，载石源华主编《韩国独立运动研究新探》，社会科学文献出版社2010年版，第80页。

[2] 石源华、蒋建忠编著：《韩国独立运动与中国关系编年史（1919—1949）》（上卷），社会科学文献出版社2012年版，第600页。

本的情报。为此国民政府提供给金九一部电台。[1] 关于金九的情报工作,萧铮1983年的回忆文章《中国国民党与金九》中有这样的记载:"金(九)先生那时的工作,由于日本人逼迫中国愈来愈急,民国二十二年(公元1933年)以后,日本人差不多每年都在中国闹事。总统(指蒋介石)要金(九)先生作这部分工作,要我转告金先生主要是刺探日本人的一些动作,他们军队用那些人,后方有些什么活动。金先生的确为我们对日抗战有很多的报酬。金(九)先生那些机密的报告,都是送到我这里来。我看过以后,重要一点的送给(陈)果夫先生看。(陈)果夫先生就送给总统看。……许多报告送给总统,总统有时将重要的报告交给军事委员会执行。"[2] 这个记载凸显了萧铮作为金九和国民政府对韩联络人的角色,也把情报搜集、呈报情况说明了。因此,蓝旗街8号无疑是金九的情报中心。

---

[1] 杨昭全:《中国境内韩国反日独立运动史(1910—1945)》(第2卷),吉林人民出版社1996年版,第263页。

[2] 肖铮:《中国国民党与金九》,载韩国精神文化研究院编《韩国独立运动史资料集》,第177页。转引自杨昭全《中国境内韩国反日独立运动史(1910—1945)》(第2卷),吉林人民出版社1996年版,第264页。

国民政府对金九的经济援助

虹口公园炸弹案发生后,国民政府在积极营救金九和韩国临时政府要员的同时,也在资金上予以援助:时任国民政府赈灾委员会常任委员的朱庆澜在"虹口事件"发生后,前后向韩方援助资金3300元,其中有两次收款人是在国民党内任职的韩侨朴赞翊。当时,朴赞翊正在上海设法保护并转移韩国独立志士,相信这笔资金用于疏散家属及独立运动领袖的转移。1932年5月中旬,军务总长金澈收到上海市商会致赠尹奉吉和安昌浩家属的慰问金7000元,同年6月"东北灾民救济会"提供5000元,10月褚辅成付给安恭根5000元,还有几笔数目不详的资助金。5月12日,金澈从上海商会主席王晓籁那里收到1300美元。金九等收到中国反日救国会给的30000美元款项。¹如果说这些援助主要来自民间和社会团体,那1932年金九和蒋介石会面之后,韩国临时政府的援助就主要来自国民政府了。

全面援助:从秘密活动到日常生活

1932年蒋介石和金九会面之后,国民政府开始援助金九,当时蒋介石作出了两个决定:一是每月拨补助费5000元,供金九一派生活之用;活动经费则须由金九等订出具体计划,经核准后,在实施时另拨专款。²这便是从秘密活动到日常生活的全面援助。据萧铮后来回忆,"金九一派"指的是韩国独立党,这5000元是发给韩国独立党的,一直到1941年才停止。³活动经费,就是韩国临时政府的秘密活

---

1 王明飞:《"虹口事件"对中韩关系的影响》,载中国朝鲜史研究会、延边大学朝鲜·韩国历史研究所编《朝鲜·韩国历史研究》(第10辑),延边大学出版社2009年版,第378页。
2 张令澳:《侍从室回梦录》,上海书店出版社1998年版,第78页。
3 肖铮:《中国国民党与金九》,载韩国精神文化研究院编《韩国独立运动史资料集》,第177页。转引自杨昭全《中国境内韩国反日独立运动史(1910—1945)》(第2卷),吉林人民出版社1996年版,第263页。

动经费,一直持续到1945年金九回国[1]。

石源华《大韩民国临时政府驻华代表团研究》称:"自1932年8月起,经中国最高当局批准,由中国国民党中央组织部每月拨款5000元,作为金九派的经常工作费,并确定该临时政府的事业费可由金九提出计划,另行拨款。"[2]此处"经常工作费"和"事业费"的表述比较专业,但拨款时间是不准确的。因蒋介石和金九会面是在1932年12月,"经常工作费"和"事业费"的援助是在会面后开始实施的,不可能自1932年8月起,就经中国最高当局批准执行。

经费如何列支

对金九的经济援助,蒋介石指派陈果夫负责联络和执行。据张令澳《侍从室回梦录》称,"韩国临时政府"曾编

---

[1] 1945年10月28日,蒋介石批复15日吴铁城呈文:"对于韩国临时政府返国旅费及返国初期之工作费用,除已拨付5000万元外,核准再拨付法币5000万元、美元20万元。"见石源华、蒋建忠编著《韩国独立运动与中国关系编年史(1919—1949)》(下卷),社会科学文献出版社2012年版,第1478页。

[2] 石源华:《大韩民国临时政府驻华代表团研究》,社会科学文献出版社2009年,第7页。

制各年度预算,原来在蒋介石的特别费项下开支,后来改由国民党中央党部机密费项下拨付。[1]援助经费何时改由国民党中央党部机密费项下拨付,现在还不清楚。

萧铮经办各项支出

蒋介石指派陈果夫负责联络和执行对金九的经济援助,具体操办则由萧铮完成。萧铮1983年回忆道:"金(九)先生同总统(指蒋介石)谈的第一件事是希望总统经常帮助韩国独立党作光复运动。总统后来批每月发五千元给韩国独立党。这个批示交给(陈)果夫先生,果夫交给我来办。这个补助费一直到重庆,民国三十年(公元1941年)才停止。那时这五千元是很大的。"[2]

在获得"经常工作费"和"事业费"的资助外,一些重大项目金九也求助于国民政府。

---

1 张令澳:《侍从室回梦录》,上海书店出版社1998年版,第78页。
2 肖铮:《中国国民党与金九》,载韩国精神文化研究院编《韩国独立运动史资料集》,第177页。转引自杨昭全《中国境内韩国反日独立运动史(1910—1945)》(第2卷),吉林人民出版社1996年版,第263页。

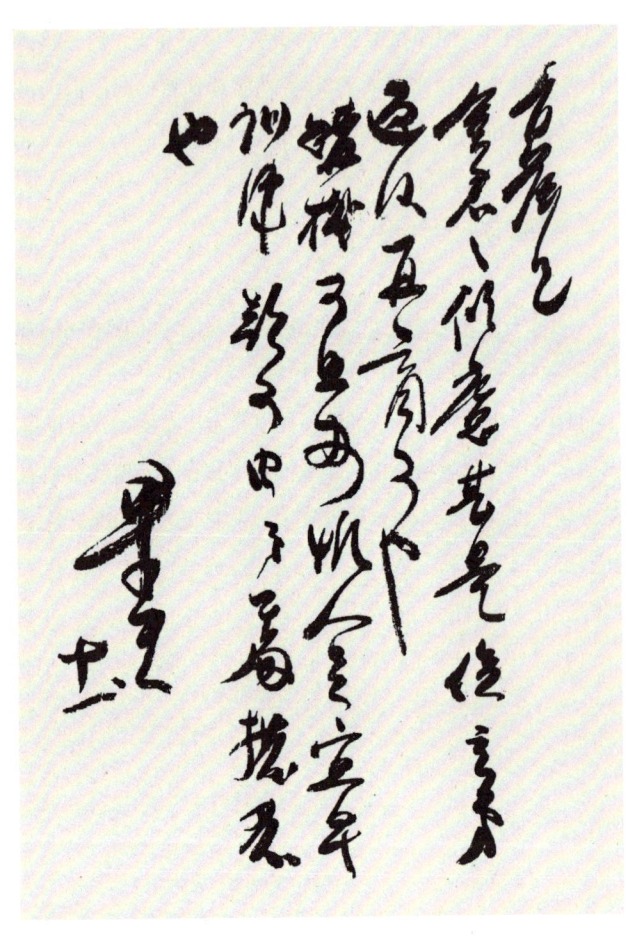

图37 陈果夫致萧铮信（1）

1935年10月1日,陈果夫致函国民党对韩联络人萧铮(图37),商议为韩国临时政府购买飞机事,内称:"青萍兄:金君之顾虑甚是,俟立弟返后再商。购机可照办,惟人员宜早训练,款可由弟处拨发也。"萧铮在信末有按语称:"金君"即指金白凡先生。此时金先生拟购飞机建立空军,果夫先生赞成其事,但促其先训练飞行员,允为设法经费。函中所提"立弟",为陈立夫先生。[1]

购买飞机是重大项目,陈果夫的处理比较审慎。1936年3月26日,陈果夫致函蒋介石,说明派遣萧铮赴四川面谒,请示援助金九韩国独立运动事宜。[2]这次派萧铮面见蒋介石,或许与购买飞机一事有关。

因萧铮负责具体拨款事宜,有时还得自己先垫付。

《韩国独立运动与中国关系编年史(1919—1949)》记载,1934年5月10日,陈果夫致函萧铮(图38),嘱接济金九等预算外特别费用,内称"赵君(指金九代表安恭根)已来过,谓款项甚困难,兹请兄处暂垫付500元即日交去为

---

[1] 萧铮辑:《中国协助韩国光复运动史料》,编者印行,1965年12月版,非卖品,第11页。

[2] 石源华、蒋建忠编著:《韩国独立运动与中国关系编年史(1919—1949)》(上卷),社会科学文献出版社2012年版,第594页。

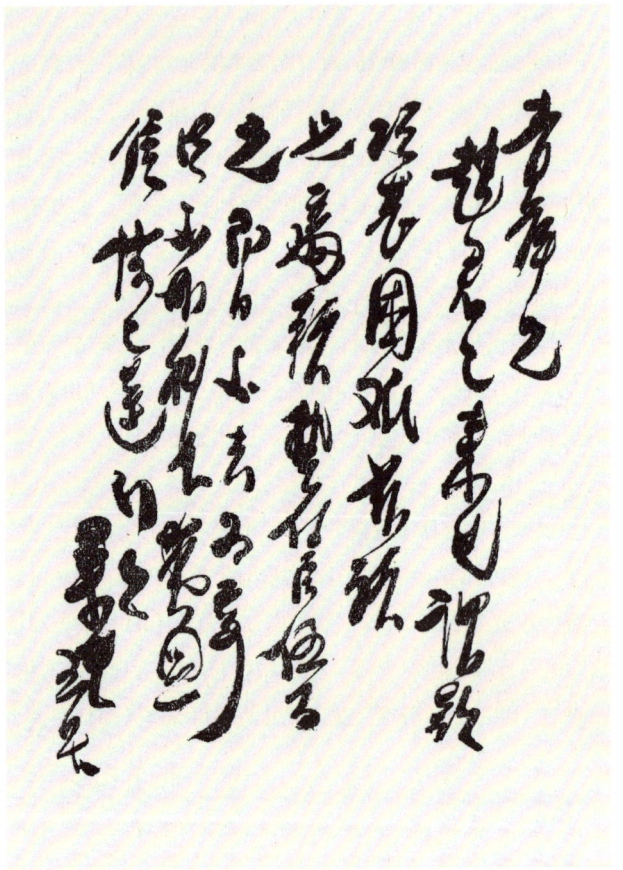

图38 陈果夫致萧铮信（2）

要"等。[1]

这封信后收入萧铮辑《中国协助韩国光复运动史料》。

信末有萧铮按语:"右函发于二十五年五月十日,函中所说赵君,系安恭根氏之代名。此时金先生等各种活动经费甚为困难。此为预算外之特别经费,因各种经费均由余经拨,故嘱暂为垫付。"[2] 这说明此信发于1936年,不是《韩国独立运动与中国关系编年史(1919—1949)》中记载的1934年。"赵君"指安恭根,代名是赵汉用。

安恭根是金九的得力助手,是金九在南京时期训练特务、开展秘密活动的主要领导人,也是金九和国民政府的主要联络人。

---

[1] 石源华、蒋建忠编著:《韩国独立运动与中国关系编年史(1919—1949)》(上卷),社会科学文献出版社2012年版,第561页。

[2] 萧铮辑:《中国协助韩国光复运动史料》,编者印行,1965年12月版,非卖品,第19页。

图 39 安恭根

安恭根（1889—1940），朝鲜黄海道新川人。1926年任上海韩人侨民团团长。1930年在韩国独立党内指挥特务工作。1931年参与组织韩人爱国团。1935年成为韩国国民党重要干部，致力于暗杀亲日分子和训练韩国独立军。1937年组织成立韩国青年先锋团。

金九的感念

1945年11月4日下午4时，蒋介石在重庆中国国民党

图40　蒋介石在重庆国民党党部礼堂欢送金九[1]

党部礼堂举行茶会，欢送金九等回国[2]。此前，11月2日下午5时，在重庆的中共代表周恩来、董必武以八路军重庆办

1　秦原：《韩国临时政府在中国的岁月》，载《老照片》2004年第35辑，第19页。
2　金九《白凡逸志》中写道："我们将要离开重庆，所以中央政府与国民党，以蒋介石伉俪为首，邀集了政府、党部、各界要人二百余名，在国民党中央党部大礼堂里，宴请我们临时政府国务委员与韩国独立党干部。礼堂内交叉悬挂着中国国旗与太极旗，非常隆重感人地举行了欢送宴会，蒋介石主席与宋美龄女士首先站起来致辞，祝中韩两国国运昌隆，我方也致了答辞。"见金九《白凡逸志》，宣德五、张明惠译，民主与建设出版社1994年版，第258—259页。

事处名义设宴欢送韩国临时政府成员归国，金九、金奎植及各部部长出席。[1]

11月6日，重庆《大公报》发表《大韩民国临时政府主席金九致中华民国朝野人士告别书》，感谢国民政府对韩国独立运动的帮助。全文如下：

> 亚洲之东，我韩国与贵中华民国为数千年兄弟之邦。唇齿相依，亲睦无间，载于史乘。乃五十年前，凶暴倭寇，乘我失政，肆行侵略，遂至失国。我革命志士，膺兹惨痛，誓报国仇。喋血捐躯，前仆后继，始终奋斗，数十年如一日。其间多蒙贵国前大总统孙公，与今主席蒋公，垂念传统之友谊，慨予提携，及朝野人士之多方协助。尤以最近抗战八年来，敝国临时政府，随贵国政府迁渝，举凡借拨政时，供应军备，以及维持侨民生活，均荷于经济百度艰窘之秋，慨为荷润。且前岁开罗会议席上，渥承蒋公主持正义，首先提出保障韩国之独立，致得盟邦之赞同。似此义薄云天，是九等

---

[1] 傅德岷：《抗战时期金九与中国共产党人的交往》，载《红岩春秋》2009年第4期。金九《白凡逸志》中写道："中国共产党本部的周恩来、董必武也为临时政府国务院全体委员举行了欢送宴会。"但没写明设宴欢送的时间。

与吾韩三千万民众,当永感不忘者也。今者,盟军胜利,日寇败降。正义昭宣,公理战胜。吾韩民族,因得大盟邦之助,获得解放。九乃以国内舆情之敦促,首途返国。复蒙蒋公宠召,殷勤祖饯,并拨专机相送。又承党、政、军、学各界及文化团体人民团体热烈欢送。厚谊隆情,非常感激。第以时间仓卒,未遑逐一进谢,至深歉仄。而依依惜别之情绪,实非楮笔所能罄。九归国后,愿于联合国宪章之下,从事建设独立民主之国家。更愿与贵国保持永远密切合作之精神,为东亚和平之保障。临机待发,特述数言。望贵、我两民族鉴此精诚,互相亲睦,于亿万斯年也。谨此

敬祝
大中华民国党、政、军、学各界及文化人民各团体诸先生健康![1]

金九在此特别感念国民政府长期的援助与支持,特别是全面抗战八年以来,在"经济百度艰窘"的情况下能"借拨政时,供应军备",维持侨民生活。

---

[1] 同日《大公报》发表"社评"《送韩留渝革命领袖归国》,希望韩国诸领袖,珍重努力,"善尽其时代使命"。

金九在南京的生活状态（上）

1932年6月，韩国临时政府再起内讧，金九不得不退出临时政府。此后几年临时政府基本处于瘫痪状态。金九退出临时政府后，并没有消沉下去，而是积极寻求个人和临时政府的出路。1932年12月他成功与蒋介石会面，得到了蒋介石和国民政府的支持。此后，他开始把活动重心转向南京，先后在南京创建了韩国特务队和学生训练所，使韩国独立运动逐渐走出低谷，他个人也重新获得了临时政府的认可。1935年10月19日，第28次临时议政院定期会议在杭州举行，部分要员提议尽快恢复金九的职务，以便重新打开工作局面。同年10月底，临时政府在嘉兴再次举行会议，最终补选金九为国务委员并任命其为外务部长。这样，金九又回到了临时政府核心领导层。同年11月，金九在镇江创建韩国国民党，并将临时政府本部迁至南京。1936年2月，又将临时政府主要机关迁至南京。1937年11月,临时政府从南京撤离。这样,金九在南京的活动便可分为两个时期:前期从1932年12月至1935年11月,没有定居南京,在南京、镇江、嘉兴和杭州间奔波,活动比较隐秘[1];后期从1935年11月到1937年11月,定居在南京,生活比前期稳定,虽然在南京也处在漂泊之中。因前期活动比较隐秘,相关文献也鲜有记载,下面主要记述金九后期的生活状态。

漂泊在南京

金九在南京的生活有公私两个方面。在公这一方面,他要处理临时政府和韩国国民党的相关事务,必然要在临时政府要员和韩国国民党总部蓝旗街8号之间跑动,有时还要

---

[1] 因这个时期日本人还在探访金九踪迹,搜捕也在加严。《申报》1934年9月25日所刊《日人严缉韩国党人金九》称:"韩国革命党人金九以神出鬼没的手段,作种种活动。前车虹口公园之炸案,据日人侦查,即系金氏之主谋。但事后到处搜捕,迄今两年有余,并未捕获,现闻日方搜捕加严。以金九派多人在高丽及东北活动。本埠方面及我国内地各处并闻有亲日韩人20余名,协助探访,目的并不在生获金九,如遇有机会即使便宜行事,但求置之死地,亦无不可云。"见石源华、蒋建忠编著《韩国独立运动与中国关系编年史(1919—1949)》(上卷),社会科学文献出版社2012年版,第564页。

去镇江参加临时政府的活动[1];私人方面,他要照顾母亲和两个儿子,要和朱爱宝过假扮夫妻的生活,而他们又不住在一起,因此金九总在秘密的奔走中,漂泊是常态。

1937年全面抗战爆发后,金九和临时政府成员隐蔽南京乡间,因语言问题,多次与抽查壮丁和稽查户口的地方官员发生误会。陈果夫得到报告后曾致函萧铮(图41),称"金先生安全问题在此间住处已与县长说过,前因为壮丁查得为可疑送县,彼供与我相识,遂释。现由县长代觅屋住之,闻甚安好。如要迁其他处所,当再令江宁县长设法,便乞询之"[2]。此后,萧铮又得陈果夫指示,即将金九等全部迁入中山门外地政学院。

---

1 据《民国江苏省会镇江研究》记载,1937年春,镇江抗日救亡宣传演出队邀请大韩民国临时政府国务委员金九到穆源小学大礼堂演讲。穆源小学校董事长杨公崖等带领演出队全体成员、部分师生及商界进步人士近400人参加,礼堂内座无虚席,连礼堂外都站满了人。演讲后,金九坐人力车而去。镇江文史学者李植中先生当时是该校五年级学生,他记得金九中等身材,着青灰色中山装,能用汉语演讲,不用翻译,内容是"朝鲜亡国惨状"。见镇江市历史文化名城研究会编著《民国江苏省会镇江研究》,江苏大学出版社2010年版,第165页。

2 萧铮辑:《中国协助韩国光复运动史料》,编者印行,1965年12月版,非卖品,第22页。信末有萧铮按语:"时当对日抗战发生,京沪一带战云弥漫。金先生等一部分同志在南京乡间,隶江宁县境,抽查壮丁及稽查户口等事时有误会,故函中云云。"

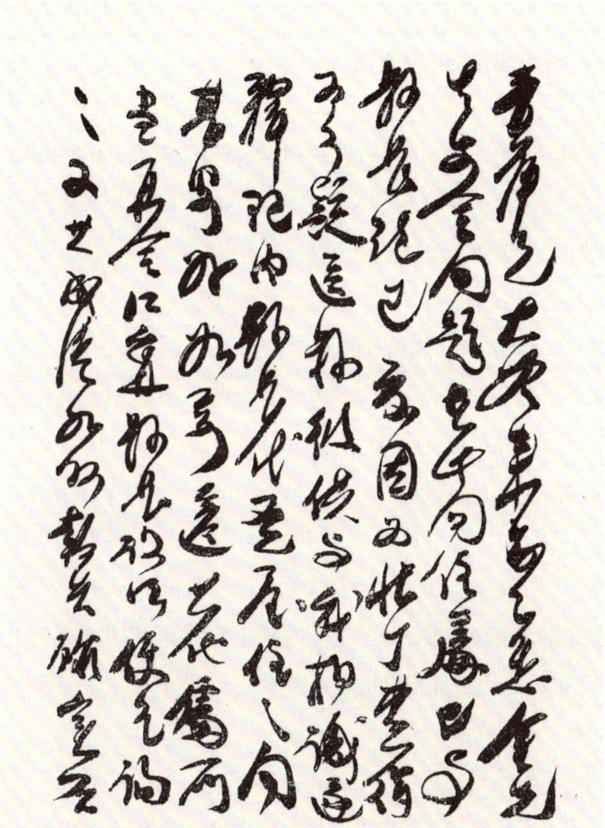

图41 陈果夫致萧铮信（3）

金九母亲的南京生活

金九母亲郭乐园生于1859年,朝鲜海州人。1922年来到上海。1926年又带金九之子金信回国。1934年郭乐园在崔昌汉的帮助下,经平壤、安东、大连、威海、上海,最后到达嘉兴日晖桥17号严恒燮家。1934年1月26日,严恒燮致信金九,称"先生的母亲领着长子仁儿和次子信儿从安岳千辛万苦到了我家,望先生见条速来"[1]。当时金九正在南京,接信后立刻赶往嘉兴,这样母子分别八年后得以重逢。[2] 很多研究金九的著作都刊有一张金九和母亲及两个儿子的合影(图42),都注明是摄于1934年,但大多没注明地点,宣德五、张明惠所译《白凡逸志》则注明摄于上海[3]。当时金九正在嘉兴避难,母子重逢后不可能带母亲和儿子返回上海拍照,因此这张照片应是嘉兴重逢后不久所摄。

---

[1] 金云龙:《金九评传》,辽宁民族出版社1999年版,第205页。
[2] 金九:《白凡逸志》,宣德五、张明惠译,民主与建设出版社1994年版,第239—240页。
[3] 金九:《白凡逸志》,宣德五、张明惠译,民主与建设出版社1994年版,图版第4页。

图42 金九和母亲及两个儿子的合影（1）

1934年7月，"金九之母郭乐园及次子金信从嘉兴来宁暂时住在城内柳叶街56号卢泰然[1]家，不久迁至城内八宝后街23号，金九和嘉兴船妇朱爱宝则另租城内秦淮河附近一

---

1 卢泰然（1893—1993），原名卢善敬，韩国临时政府前国务总理卢伯麟长子。东北新兴武官学校毕业，在洛阳宪兵司令部任职，洛阳分校韩人班金九派学生监督。参见崔凤春《金九特务队研究》，载石源华主编《韩国独立运动研究新探》，社会科学文献出版社2010年版，第70页。

图43 金九和母亲及两个儿子的合影（2）

间房同居"[1]。1935年9月，学生训练所学员从宜兴县张渚镇龙池山澄光寺返回南京后，被暂时安置在八宝后街23号金九母亲住处。[2]

---

1 崔凤春：《金九特务队研究》，载石源华主编《韩国独立运动研究新探》，社会科学文献出版社2010年版，第74页。
2 沐涛、曹军：《论20世纪30年代韩国独立运动在南京的军事人才培养活动》，载石源华主编《韩国独立运动研究新探》，社会科学文献出版社2010年版，第183页。

这里有必要对图43这张照片作一简单的考证。这张照片在舒耀武、舒梯所著《金九之母》的封面中曾被采用,但内文没有说明拍摄时间和地点。其他一些著作收录这张照片时也没有说明拍摄时间和地点。对比图42和43,不难看出照片中人物的年龄、身高变化不大,这说明两张照片的拍摄时间比较接近。从服装上看,图42摄于冬天,图43摄于夏天。1934年7月,金九母亲从嘉兴到南京,暂住柳叶街56号,正是夏天。因此,图43应拍摄于1934年夏天,拍摄地点很可能就是柳叶街56号。

金九《白凡逸志》称:"我请母亲到南京来,另外租房居住,不到一年,南京危急,就迁移到长沙了。"[1]这里所说的"另外租房居住"可能是指金母最后居住的马路街,而"不到一年",则说明金九母亲是1936年11月前后搬到马路街的。两年多的时间,金九母亲在南京换了三处住所。

金九《白凡逸志》记载了南京被轰炸后他们母子见面的情况:

---

[1] 金九:《白凡逸志》,宣德五、张明惠译,民主与建设出版社1994年版,第240页。

中日战争蔓延到江南，上海的战况渐对中国不利，日本空军对南京的空袭也愈来愈甚，我住的淮清桥的房子也在轰炸中被毁，我和朱爱宝幸得免于一死，邻居则尸体遍横。只见南京各处火焰冲天，夜晚的天空被染得通红。等到天亮后，经过倒坍的房屋和遍布尸体的街道，去马路街母亲的住处，母亲亲自开门，我安慰她老人家说：

"母亲，你受惊了吧？"

可是她却笑着说：

"受惊？有什么可紧张的，只不过床有点晃动而已。"

又问死的人多不多，我说来这儿看到附近不少人受了伤。母亲又问我们的人受伤了没有，我说我正想去看看。

于是立刻到同胞的住处去查看，虽然受了惊，但都无大碍，住在蓝旗街的许多学生也都平安无事。[1]

这说明金九看望母亲后发现母亲无恙，便去了蓝旗街。当然，他除了看望那里的学生，也必定会去看看他总部人员的情况。

---

[1] 金九：《白凡逸志》，宣德五、张明惠译，民主与建设出版社1994年版，第235页。

此后，金九母亲随着韩国临时政府辗转汉口、长沙、广州、柳州、重庆等地，历尽艰辛。

1939年4月26日，金九母亲郭乐园在重庆去世，蒋介石有唁电慰问[1]。

复成新村8号是金九寓所吗？

复成新村8号，民国时期是4号[2]，《南京市接管代管房屋简明手册》有如下信息：

地址：马路街复成新村老4号
原使用单位或原住人：伪上海市警察局长文鸿恩
产权及房主姓名职业：文念祖
式样及幢数：西楼一幢平一幢
间数：9[3]

---

1 安淑平、王长生：《蒋介石悼文诔辞密档》，团结出版社2010年版，第322页。
2 具体考证见《复成新村的陈年旧事》一书。
3 《南京市接管代管房屋简明手册》，军管会房产管理处编印，1950年5月，第186页。

现在这所公寓门口挂有南京市人民政府颁发的公示牌，牌子上的内容是：

南京重要近现代建筑　　　　　　　编号：2013061
　　　　　原金九寓所

建于 20 世纪 30 年代，为一栋二层砖木结构楼房，韩国流亡政府领导人金九曾在此居住。金九，号白凡，韩国著名的独立运动家。

　　　　　　　　　　　　　　　　　　　南京市人民政府
　　　　　　　　　　　　　　　　　　　2013 年 10 月

关于金九的研究论著很多，目前还未看到有提及金九曾在复成新村有寓所的。南京市人民政府挂牌的依据是什么，现在还不清楚。即便复成新村有金九寓所，也不可能是 8 号。

顾颉刚 1937 年的日记中有如下记载：

一月十六号星期六（十二月初四）
吴德生派车来接，到其复成新村四号寓中吃饭，谈至八时半归。[1]

"复成新村四号"就是现在的复成新村8号。这说明1937年1月复成新村4号是吴德生寓所,不可能同时又是金九寓所。

金九母亲是1936年11月前后搬到马路街的,复成新村就在马路街西。南京市人民政府确定复成新村有金九寓所,可能是错把金九母亲寓所当作金九寓所了,这也说明金九母亲曾住在复成新村。金九在南京为躲避日本人追捕一直处在漂泊之中,不会有固定的住址,因此不能把金九母亲的寓所当作金九寓所。

那金九母亲到底住在复成新村哪栋房子里呢?

复成新村4号的产权人为文念祖,5号(现在的10号)

---

[1] 顾颉刚:《顾颉刚全集·顾颉刚日记·卷3》,中华书局2011年版,第586—587页。

的产权人为文国陵,而 4 号和 5 号的使用人都是文鸿恩[1],而且 4 号和 5 号的主体建筑的外观一致(图 44),是相邻的姊妹楼。

文鸿恩自 1922 年起就跟随吴铁城,深得吴氏信任。1932 年吴铁城任上海市市长后就举荐文鸿恩任上海市公安局局长,直到 1934 年 11 月在上海去世,文鸿恩在公安局局长任上做了两年多,这期间正好发生了虹口公园炸弹案,吴铁城接到蒋介石的指示后积极保护金九。此后,吴铁城一直参与国民政府对韩国临时政府的援助活动。因此,金九母亲能够住在复成新村的合理推测是:文鸿恩去世后,他在复成

---

1 文鸿恩(1892—1934),字对庭,广东省文昌县(今属海南)人。云南陆军讲武学堂毕业。曾任孙中山广东讨贼军总指挥部参谋,1922 年陈炯明叛变后,随警卫军军长吴铁城参加讨伐陈炯明之役。1924 年,任警卫军营长。1925 年 8 月,警卫军改编为国民革命军第六军第十七师,文任该师之团长。1926 年北伐兴师后,随军长程潜进入江西。北伐军攻克南昌后,文升任少将团长。1927 年克复南京后,升任第十七师师长。程潜被排斥,改隶杨杰第六军。是年八月,孙传芳渡江反扑,文于南京铜井镇之役负伤。1928 年随军至河北马厂。后又班师驻江苏丹阳。后因反对内战,请准辞职,旋被派赴法国视察军事。1931 年归国,任国民政府参议院参议和陆军步兵学校研究委员。1932 年"一·二八"上海抗战后,任上海市公安局局长。1934 年 11 月,死于上海。见王俯民《民国军人志》,中国广播电视出版社 1992 年版,第 70 页。

图 44　现复成新村 8 号（上）与 10 号（下）外观一致

新村的两处房产由吴铁城托管,吴铁城将其中一处租给金九,金九让其母亲居住。既然复成新村8号(当时的4号)当时是吴德生寓所,那只有10号(当时的5号)可租给金九。因这两栋房子外观一致,后来者考察时难免误认,错把8号当作金九寓所。

1947年3月4日,韩国驻华代表团团长朴赞翊致函国民党中央秘书处秘书长吴铁城,称"敝团太平路329号办公房及文昌桥15号职员宿舍均须迁让,另行租赁,非数千万元难以解决","敝团经费久已告罄,不但诸多工作未能展开,且本身必要开销亦已无法支付,致十分彷徨,特函恳我公惠赐垫借四千万元,以资维持"。[1]此后不久,复成新村10号就成了韩国驻华代表团的住所。由此,可做出这样的判断:复成新村10号是吴铁城给韩国驻华代表团找到的住处。

这样,复成新村10号在1936年至1937年由金九母亲居住,1947年至1949年由韩国驻华代表团居住。

由此可初步做出这样的结论:复成新村8号不是金九寓所,复成新村10号曾是金九母亲住所。

---

1 石源华、蒋建忠编著:《韩国独立运动与中国关系编年史(1919—1949)》(下卷),社会科学文献出版社2012年版,第1602页。

金九在南京的生活状态(下)

陈果夫、陈立夫公馆与复成新村 10 号

陈果夫、陈立夫公馆在常府街 30 号,与复成新村 10 号隔街相望。下面用高德地图展示它们之间的位置关系。

图 45 中中国农业银行附近画圈的区域就是陈果夫、陈立夫公馆,从复成新村 10 号到申家巷口(即图 45 中画圈的 26 号楼的位置)只有百余米,从申家巷口到陈果夫、陈立夫公馆也是百余米。当年陈果夫、陈立夫公馆和复成新村之间并无高的建筑物遮挡,从陈果夫、陈立夫公馆的楼上就能看到复成新村 10 号。金九母亲住在复成新村 10 号,可谓是住在陈果夫、陈立夫的眼皮底下。复成新村(一期工程)和陈果夫、陈立夫公馆都建成于 1935 年。复成新村从建筑和

图 45 陈果夫、陈立夫公馆与复成新村 10 号位置图

装修方面来说是民国高档住宅区,从住户人员来说则是民国高级住宅区,因为这里面住着立法委员、国民党党部要员和军队的高官,治安无疑是好的。金九母亲被安顿在这里,吴铁城可谓用心良苦,金九心里自然也很踏实。

金信在安徽屯溪中学读书?

金九在《白凡逸志》中说1937年南京被轰炸后,国民政府机关开始转移,韩国光复战线决定逃到物价便宜的长沙,他唤回了在安徽屯溪中学求学的信儿,然后扶持母亲乘英国轮船去汉口。[1] 由此看来,金信在安徽屯溪中学读书似乎无可争辩,但仔细考究,这一说法疑点颇多。

要弄清金信是否曾在安徽屯溪中学求学,先要弄清安徽屯溪中学的历史。安徽屯溪中学成立于1948年,最初是和私立行知中学等校组建成皖南区屯溪中学,1951年改名为安徽屯溪中学。这样一个安徽的中学怎么会和南京的金信有了联系呢?这边要从私立行知中学谈起。

---

1 金九:《白凡逸志》,宣德五、张明惠译,民主与建设出版社1994年版,第236页。

私立行知中学的前身是晚清时成立于南京的上江公学，南京临时政府成立后停办。1923年秋安徽旅宁同乡会和旅宁同学会在南京恢复上江公学，改名为南京安徽公学。1928年4月改名安徽中学。1937年10月10日，迁至安徽屯溪柏山办学。因在屯溪柏山办学五六年之久，又称"柏山皖中"[1]。抗战胜利后，校本部迁回南京，设备均留屯溪，并由柏山迁回阳湖，续办徽州分校。1949年后，更名为私立行知中学，1950年合并于屯溪中学。1951年9月，南京文教局决定将安徽中学与六中合并，六中迁入安徽中学，合并后称"南京市第六中学"。

由此可知，金九所说的安徽屯溪中学实际是指南京的安徽中学。1934年金信到南京时并没有安徽屯溪中学，怎会在这个学校求学？当时金信到南京时刚12岁，金九怎会把他远送屯溪求学？这不合常理。那时金信在哪里求学呢？金信在《走遍中国说平生》中称："后来我在南京重读小学时，为防日特迫害，不得不化名'关信'。"[2]那金信所说的小学

---

[1] 严济棠：《皖中在柏山》，载中国人民政治协商会议安徽省黄山市屯溪区委员会文史资料研究委员会编《屯溪文史》（第二集），1989年版，第29页。
[2] 金信：《走遍中国说平生》，载《钟山风雨》2002年第2期。

是哪个学校呢?

据《十年来之南京安徽中学》记载,该校办有一个"实小"[1],金信应该是在这个学校上学。安徽中学在当时的中正街(今白下路),离金九母亲居住的复成新村很近,具体情况请看下图(图46)。

1928年安徽公学已改名安徽中学,但地图上还标着安徽公学。这除了没及时更改的原因外,或许是因为校名虽变,可校址没动,为保持名称和历史的延续性,没有立即改过来,这样也便于不知改名情况的外来人士寻找。安徽中学离复成新村很近,上学方便,选择上安徽中学的"实小",应在情理之中。

金信在《走遍中国说平生》中还记载了日军轰炸南京的情况:"1937年秋,日军飞机开始轰炸南京。那天在城东,我亲眼看见日军飞机在天上盘旋,连膏药旗也看得一清二楚,说时迟那时快,从机腹滑下几个小黑点,尖利的啸叫划破了城市的平静,轰然而起的巨响惊天动地,硝烟弥漫……我就这样亲眼看见日本鬼子的炸弹扔在中国人头上!大概是因为

---

[1] 关于"实小"的情况,详见南京安徽中学编《十年来之南京安徽中学》,南京京华印书馆1923年版。

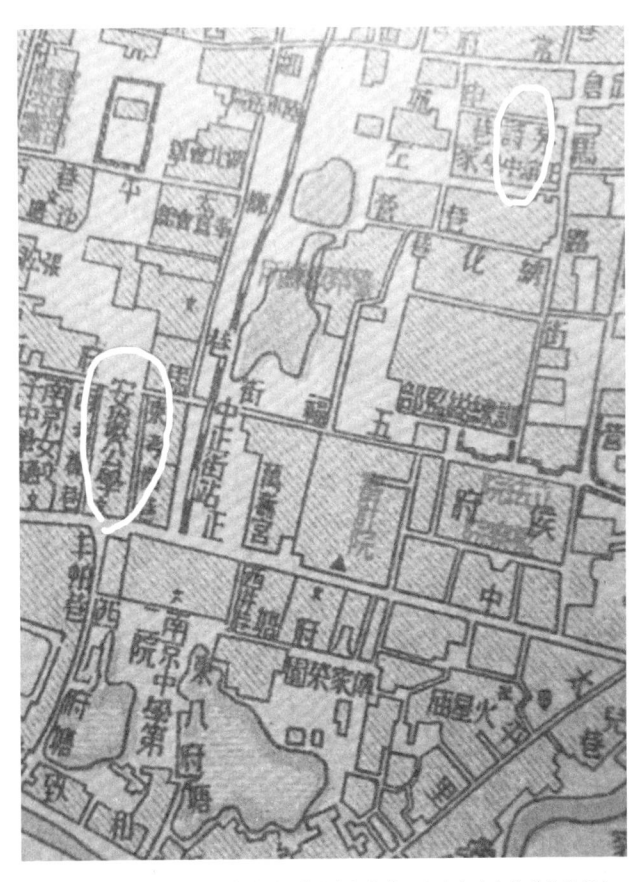

图46 1933年《新测南京城市详图》(张起文制,上海东方舆地学社印行)上的安徽公学

猝不及防,当时街上的军警、宪兵纷纷举着各种枪向飞机射击,可哪里能打得到!"[1]这也证明当时金信在南京,并没有远至屯溪求学。那当时金信还在"实小"读书吗?按年龄算,金信在朝鲜已读完了小学,"在南京重读小学",应是出于熟悉课业和学习语言的考虑。从1934年至1937年,已过去三年,金信应已进入中学学习,继续在安徽中学读初中,应是顺理成章的事。1937年10月10日,南京安徽中学迁至安徽屯溪。1937年11月20日,韩国临时政府成员离开南京。同年11月,金九带领母亲和金信离开南京。按照金九《白凡逸志》记载,他唤回了在安徽屯溪中学求学的金信,那么金信在1937年10月10日前后必是去了屯溪的安徽中学,一个多月后被金九召回。这说明金信在屯溪的安徽中学待了一个多月。屯溪的安徽中学,当时口头上或许就被说成安徽屯溪中学了。这样,金九的回忆中便有了金信在安徽屯溪中学上学的印记,"唤回了在安徽屯溪中学求学的信儿"便遮蔽了金信在南京安徽中学求学的事实。

离开南京后,金信随着金九辗转长沙、广州、柳州等地,1940年到达重庆。此后金信进入重庆中央大学附中学习。

---

[1] 金信:《走遍中国说平生》,载《钟山风雨》2002年第2期。

1943年高中毕业考入了西南联大法律系。回韩国后曾任韩国空军参谋总长、交通部长官等职。2016年去世。

为什么住在淮清桥附近？

原因主要有两个。

一是淮清桥附近离他的母亲、儿子和他的秘密活动总部比较近，联系方便，能相互照应。

图47中画圈的都是韩国人活动的地方，其中大中桥东八宝后街23号和马路街西的复成新村是金九母亲住所，东关头32号是学生训练所所在地，蓝旗8号是韩国国民党和韩国国民党青年团总部，安徽中学是金信上学的地方，这些地方周围还住有韩国临时政府的其他人员，合起来便"形成了一个韩人暂住圈"[1]。

二是淮清桥的地理位置和嘉兴梅湾街76号相似，他和船娘朱爱宝可以延续在嘉兴的生活方式。

对比图48中嘉兴梅湾街76号和南京淮清桥的地理位置可以看出，这两个地方水陆交通很方便，船里和岸上都能

---

[1] 舒耀武、舒秭：《金九之母》，湖南文艺出版社2009年版，第193页。

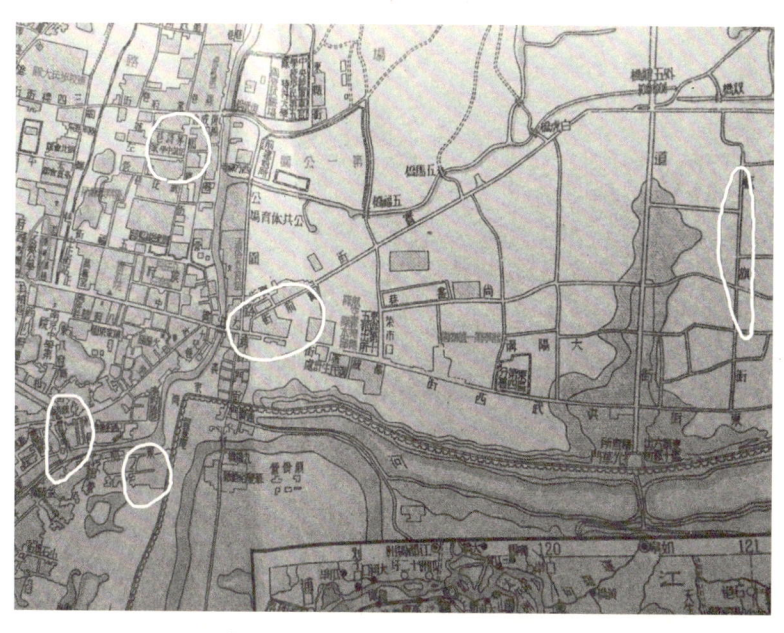

图47 《南京城市图》(陈铎编,上海商务印书馆1935年5月初版)

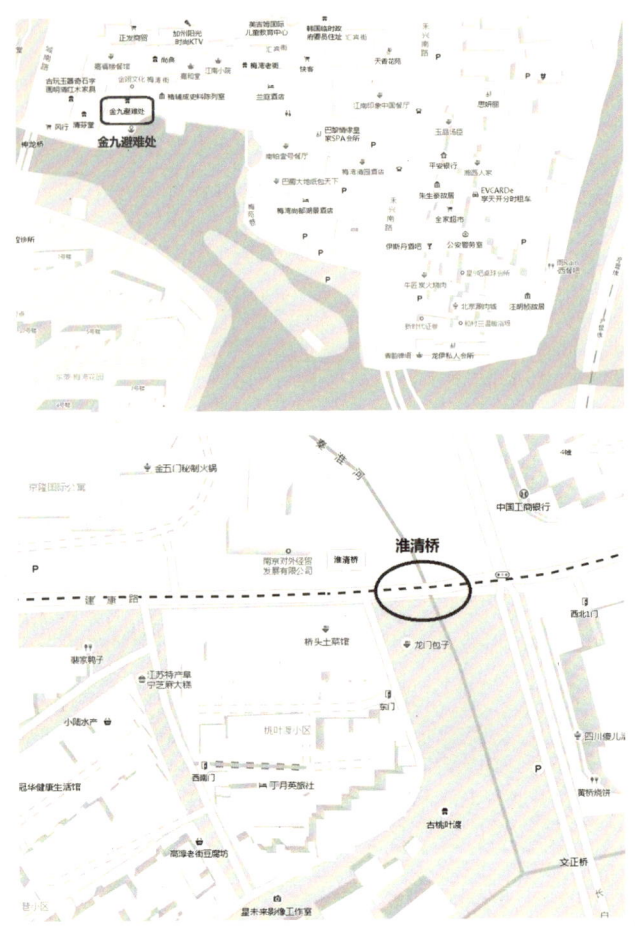

图48 嘉兴梅湾街76号（上）和南京淮清桥（下）的地理位置

活动,便于隐蔽和逃跑。

所谓嘉兴的生活方式,就是他和朱爱宝同居,船里和岸上流动生活。在嘉兴时金九的生活状态是:"常住在船里,今天睡在南门外的湖水边,明天睡在北门外的运河岸,白天再上岸活动。"[1] 金九在南京不一定常住船上,但朱爱宝的船肯定有不可取代的作用。《白凡逸志》这样写道:"我不得不在淮清桥找一栋房子,每月付给在嘉兴撑船的朱爱宝家十五元,请她来和我同居,假装我的职业是古玩商,原籍广东省海南岛。若是警察来查户口,由朱爱宝出面说明一切,我就可以不露面。"[2]

基于上述这两个原因,金九在南京虽依旧处在漂泊之中,但淮清桥是相对稳定的一个住所,直到1937年日军轰炸南京,房屋被毁,他才不得不结束淮清桥的生活。

1　金九:《白凡逸志》,宣德五、张明惠译,民主与建设出版社1994年版,第231页。
2　金九:《白凡逸志》,宣德五、张明惠译,民主与建设出版社1994年版,第234—235页。

仓皇离京

金九住处何时被炸?

金九《白凡逸志》写道:"中日战争蔓延到江南,上海的战况渐对中国不利,日本空军对南京的空袭也愈来愈甚,我住的淮清桥的房子也在轰炸中被毁,我和朱爱宝幸得免于一死,邻居则尸体遍横。"[1] 金九没写明被轰炸的时间,但这个时间很关键,因此后到金九离开南京这段时间发生的事情都以此为起点,以此为坐标,这个时间点不能确定,那后续的事情就很难理出头绪。而要确定这个时间点,先要从陈

---

1 金九:《白凡逸志》,宣德五、张明惠译,民主与建设出版社1994年版,第235页。

果夫致萧铮的一封信说起。

陈果夫致萧铮的信写于何时？

关于陈果夫致信萧铮，《韩国独立运动与中国关系编年史（1919—1949）》"1937年"条有两个记载：

（1937年）7月25日　中国国民党组织部长陈果夫致函国民党对韩工作联络人萧铮，关注战时金九安全问题。内称：金九安全问题"在此间住处已与县长说过。前因为壮丁查得为可疑送县，彼供与我相识遂释。现由县长代觅屋住之，闻甚安好。要送其他处所，当再会江宁县长设法乞询之。又其成绩如何，报告确实否，我无从得知。以后领款问题，俟兄返京后再面谈。敌机今来六批轰炸，南京被炸机关甚多，损失情形如何，现尚未悉。此间尚未遇炸，弟因事多，蒋先生又不时来电话叮嘱各种事务，近来极少赴京"。[1]

---

[1] 此条原载秋宪树《韩国独立运动》（一），第603页。转引自石源华、蒋建忠编著《韩国独立运动与中国关系编年史（1919—1949）》（中卷），社会科学文献出版社2012年版，第612页。

(1937年)8月25日　陈立夫致函国民党对韩联络人萧铮，嘱安排金九等人安全住处。旋萧铮将金九一行全部迁入南京中山门外地政学院内暂住。[1]

从这两个记载看，好像陈果夫给萧铮写了两封信，其实是一封。1937年7月25日这封信刊于萧铮辑《中国协助韩国光复运动史料》，见图49。

信末有萧铮按语称，"右函于二十六年七月二十五日在镇江发"，"余此时因政校地院迁在庐山，经常往返京赣之间。因果夫先生此函，余返京后即将金先生等全部迁入中山门外地政学院内"。[2] 由此可见，两信其实是同一封。这样表面看来，1937年7月25日这个时间是对的，1937年8月25日是错的。而事实上，这两个时间都是错的。

这封信中"六批轰炸"旁原有小注："上午一批，下午五批"（图49）。

---

[1] 此条原载秋宪树《韩国独立运动》（二），第204页。转引自石源华、蒋建忠编著《韩国独立运动与中国关系编年史（1919—1949）》（中卷），社会科学文献出版社2012年版，第616页。

[2] 萧铮辑：《中国协助韩国光复运动史料》，编者印行，1965年12月版，非卖品，第25页。

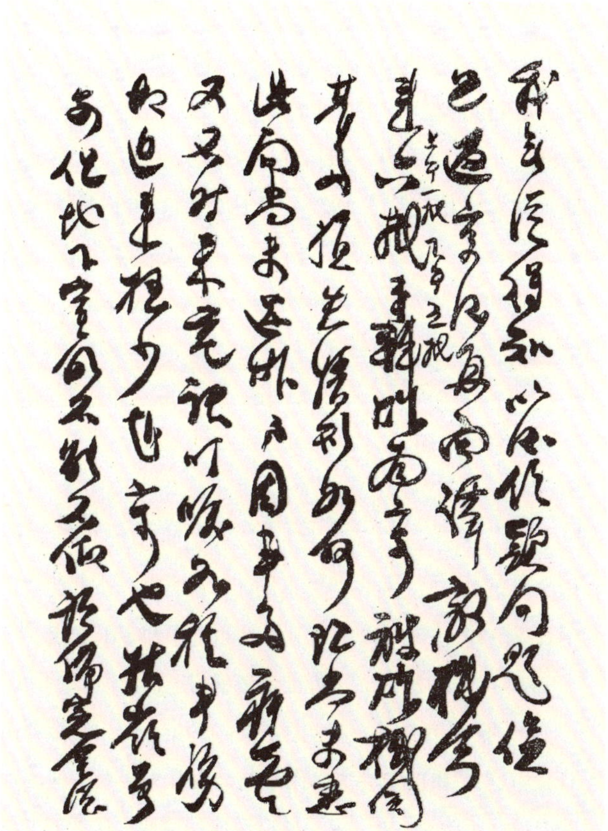

图 49　陈果夫致萧铮信（局部）

查1937年7月25日《申报》，日军并未轰炸南京，倒是1937年9月26日有轰炸报道——《敌机昨五次袭京》（图50）。这个报道说明1937年9月25日日军五次轰炸南京，这与陈果夫"六批轰炸"很接近，应指同一次轰炸。因此，陈果夫致萧铮信应写于1937年9月25日，萧铮按语应属误记。

由此可知，金九淮清桥的房子被轰炸应在1937年9月25日。

离京前的活动

1937年8月17日，金九在南京成立了包括韩国国民党在内的多党派参加的韩国光复运动团体联合会。金九起草了《中日战争宣言》，指出韩国民族应群起参加中国抗战。[1]

1937年9月25日，金九淮清桥的房子被轰炸。

1937年11月2日，金九在一茶馆约见金若山。金若山在日记中称："我决定在离开南京前与白凡先生谈一谈，他是我们独立运动的前辈，又是临时政府的领袖。这天下午我

---

1 金云龙：《金九评传》，辽宁民族出版社1999年版，第250页。

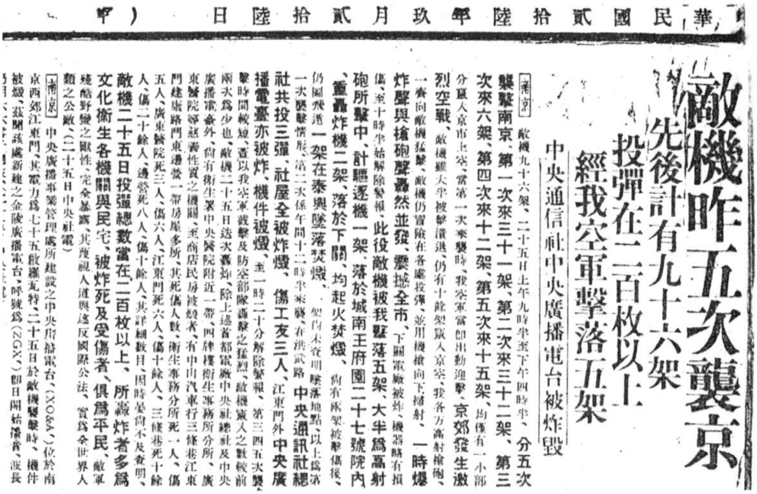

敵機昨五次襲京

先後計有九十六架 投彈在二百枚以上 經我空軍擊落五架

中央通信社中央廣播電台被炸毀

【首都訊】敵機九十六架，二十五日上午九時半至下午四時七分五次襲擊南京，第一次來三十一架、第二次來三十二架、第三次來六架、第四次來十二架、第五次來十五架，均係一小部分竄入京市上空。當第一次來襲時，我空軍當即出勤迎擊，京郊發生激烈空戰。敵機紛紛退避，仍有少數投彈入京，散投為高射砲擊一衆向敵彈攻擊，敵機仍竄於各處投彈，並用機槍向下掃射，一時爆炸聲與槍砲聲轟然並發，震撼全市。下關軍艦被炸，機器略有損傷，至十時半始解除警報。此役敵機被擊落五架，大半爲高射砲所擊中，計墜機一架，落於城南王府園二十七號院內，「管嘉炸機二架」，落於下關；均起火焚燬，尙有兩架被擊傷成仍圓飛返一架在泰興墜落焚毀。駕乘均經陸地點均已查獲。敵空軍戰事，敵機二十五日迄上午十二時來襲時，除全部隊護衛飛機外，倘有衞生等飛機附近一帶，中山汽車行三棧井江東醫院、廣播電台及各商店民房牧廠、衞生事務所等，中央廣播電台，中央通訊社總社共投三彈，社屋全被炸毀，機件被燬，一時二十分附陳警報，第三、五次廣播電台亦被炸，社屋全被炸毀，傷工友三人，江東門外中央廣播電台被炸，傷工友三人，江東門外中央門楼胎鞋門東邊岔，一帶民房百餘，其死傷人數，衞生事務所死一人，傷人一人，廣東醫院死三十餘人，共死傷三十餘人，其詳細數目因時間秘短，迄未查明。敵機二十五日投彈總數當在二百枚以上，所遭炸者多為文化衞生各機關與民宅，被炸死及受傷者，俱爲平民，慘酷野蠻之行爲，完全違反國際公法，實爲全世界人類之公敵。〈二十五日中央社電〉中央廣播事業管理處所建設之中央廣播電台（XOBA）位於南京西郊江東門〈京市廣播電台七十五瓩發電十二月五日為敵機襲擊，機件被燬，茲開該處新建之金陵廣播電台，呼號為（ZGX）即日開始廣播，波長類之公敵。

图50 《敌机昨五次袭京》

去他那里,他约我在一家小茶馆相见。"[1] 11月4日,金若山离开南京。

11月,萧铮和金九商议南京沦陷后韩国临时政府去向,金九同意如中国军队退出南京,该政府总部及电台随中国政府机关迁至长沙。[2]

据萧铮回忆,起初金九"分别匿居于浙苏乡间,后以不能逃避当地调查户口及警保人员之耳目,深恐泄露消息,为日阀所知。遂径迁至于政校地政学院之职员住宅内,时余方任地政学院主任,负责照料,始得稍安。迨二十六年对日抗战发生,金氏所主持之总部及电台等等,亦均移设于地政学院宿舍内"[3]。这说明金九和他的总部在日军轰炸南京后迁到了政校地政学院。

11月20日,国民政府发布《为持久抗战移驻重庆宣言》。是日,临时政府成员及家属100多人,分乘两艘木船离开南京。11月24日到达岳阳。

---

1 金云龙:《金九评传》,辽宁民族出版社1999年版,第253页。
2 石源华、蒋建忠编著:《韩国独立运动与中国关系编年史(1919—1949)》(中卷),社会科学文献出版社2012年版,第631页。
3 萧铮:《韩国光复运动之鳞爪——纪念陈果夫先生逝世二周年》(原载《中央日报》1953年8月25日),转引自《中国协助韩国光复运动史料》。

金九等大家都撤离后,召回在安徽中学读书的二子金信,全家一起乘坐英国轮船离开了南京。12月初,金九一家到了汉口。[1]

乘英国轮船离京

金九在《白凡逸志》中只说唤回了在安徽屯溪中学求学的金信,然后扶持母亲乘英国轮船去汉口,并没写明离开南京的时间和乘坐哪艘英国轮船。下面先考证一下离开的时间。

据《金九之母》记载,临时政府成员及家属离开南京后,"金信扶持着奶奶登上英国轮船"[2]。这说明金九和临时政府成员离开的时间很接近。《金九之母》又记载,"韩国志士乘坐的木船与轮船保持电台联系",金九之母得知了随临时政府成员乘木船离开的中国工友小蔡在芜湖落水溺亡的消息,并告诉了金九。[3] 芜湖距南京也就一天的水路,木船与轮船保持电台联系,这说明金九是在11月21日离开南京的。

---

1 金云龙:《金九评传》,辽宁民族出版社1999年版,第256页。
2 舒耀武、舒梯:《金九之母》,湖南文艺出版社2009年版,第201页。
3 舒耀武、舒梯:《金九之母》,湖南文艺出版社2009年版,第203页。

> △英商怡和太古兩輪船公司恢復京漢班，隆和、黃浦兩輪定今日由京駛漢。

图51 《立报》简讯

可金九是 12 月初到汉口的，乘轮船从南京到汉口只需三天时间，绝不可能是 11 月 21 日离开南京的。这说明送走临时政府成员后金九并没有马上走，而是在南京又待了一段时间。那金九是哪天离开南京的呢？这就需要从他乘坐的英国轮船做一番考察。

1937 年 10 月 18 日，《立报》简讯称："英商怡和太古两轮船公司恢复京汉班,隆和、黄浦两轮定今日由京驶汉。"

1937年10月下旬《中央通信社稿》报道:"(中央社)南京十七日电 英商怡和、太古两轮船公司长江航运自沪战发生后即告停顿,现为疏通积货及便利旅客计,已筹备先行恢复京汉班,怡和之隆和、太古之黄浦均定十八日由京驶汉。"

这说明"八一三"沪战发生后英国轮船就停航了,10月18日后才恢复京汉班。而此后还未见有英商增加其他轮船的信息。由此可初步确定金九乘坐的英国轮船是"隆和""黄浦"两轮中的一个。那哪个可能性最大呢?

金陵大学医院罗伯特·O.威尔逊医生1937年12月2日的日记记载了当时离开南京的最后一班轮船"黄浦"号的载客情况:

太古洋行的最后一班轮船"黄浦"号今天晚上半夜起航,因此我和他、库劳德·汤姆逊一起同行前往。这只船这几天装载着故宫博物院的宝物。一起同乘该船的有埃尔西·普里斯特、金陵女子文理学院院长吴贻芳博士、金陵大学校长陈裕光博士以及四名我们以前的中国工作人员陈医生、涂医生和福州两名护士。狄克在牯岭成了惟一一个外科医生,这样我就成了南京惟一一个外科医生。特里默还在这里。[1]

当时"黄浦"号因去下关装故宫文物,当晚并没离开,第二天即12月3日才离开南京。《魏特琳日记》1937年12月3日的内容可作印证:"吴博士的船今天一大早出发。陈博士和杭立武也同船离开,估计杭立武很快就会返回。我肯定吴博士在离开首都南京时心情很沉重。"[2]此处的吴博士即吴贻芳,陈博士即陈裕光。这样,金九离开南京的时间就可锁定在11月21日至12月3日之间。这12天时间按一般情况看,"隆和""黄浦"两轮分别有两个班次,也就是说金九离开南京有四个时间点。除了12月3日,还有三个时间点。现在还没有资料能从四个时间点中确认金九离开的确切时间。那我们只好看看金九有无12月3日离开的可能。

据《金九之母》记载,金九母亲上船后,"同船的官员们都知道他是金九之母,向她点头致意,并礼貌地让行"[3]。

---

[1] 张宪文、吕晶编:《见证与记录:南京大屠杀史料精选(西方史料)》,江苏人民出版社2014年版,第482页。

[2] 明妮·魏特琳:《魏特琳日记》,南京师范大学南京大屠杀研究中心译,江苏人民出版社2015年版,第132页。

[3] 舒耀武、舒稊:《金九之母》,湖南文艺出版社2009年版,第201页。

当时"黄浦"轮是最后一班离开南京的轮船,是逃难之船,同船的官员怎么会认识金九母亲,并礼貌地让行呢?这显然不合常理。若这个记载属实,那只有两种情况:一是金九是和萧铮安排的国民党官员同行,这样才有可能认识;二是金九也可能是12月3日和吴贻芳、陈裕光、杭立武一起离开的,礼貌地让行的可能是吴贻芳等人。这样就有必要了解下"黄浦"轮的情况了。

图52 太古公司的"黄浦"轮[1]

---

1 刘传标编纂:《近代中国船政大事编年与资料选编》(第二册),九州出版社2011年版,第674页。

"黄浦"轮，1920年建造，排水量3204吨。1941年被英国皇家海军征用至新加坡作为潜艇供应舰。1943年交澳大利亚海军作为游动修理舰，1946年归还。1949年11月拆解。[1]

杂役蔡某落水

金九在《白凡逸志》中对中国人杂役蔡某有这样的记载："在蓝旗街办公室被雇来打水的杂役中国人蔡某为人忠厚，奉母亲之命也把他编在队里同行，在船到芜湖附近时，因在风浪中汲水，不幸失足，溺水而死。我为此感到非常遗憾。"[2]

据《金九之母》记载，蔡某名叫蔡兴生，得知他落水而亡的消息后，"金九宣布戒烟，去掉多年嗜好"[3]。

当时有谣言称蔡的死因是"韩人打死了中国人"，金九之母郭乐园到长沙后听金毅汉讲述蔡氏落水全过程，才知

---

1 刘传标编纂：《近代中国船政大事编年与资料选编》（第二册），九州出版社2011年版，第673页。
2 金九：《白凡逸志》，宣德五、张明惠译，民主与建设出版社1994年版，第236页。
3 舒耀武、舒梯：《金九之母》，湖南文艺出版社2009年版，第204页。

道那是谣言。[1]

告别朱爱宝

金九《白凡逸志》记载了金九离开南京前和朱爱宝告别的情形：

离开南京时，我把朱爱宝遣返回她老家嘉兴去了，深感后悔的是，那时只给了她旅费一百元。她只知道我是广东人，服侍我将近五年的时间，我和她在不知不觉中产生了类似夫妇的感情，她照顾我实在功劳不小，当时我认为一定会后会有期，所以除了车资外，没有给她足够的钱，真是遗憾之至。[2]

金九只是觉得对于朱爱宝"产生了类似夫妇的感情"，而在金九的友人柳子明的眼中，他们就是一对好夫妻："……

---

1 舒耀武、舒穪：《金九之母》，湖南文艺出版社2009年版，第202页。
2 金九：《白凡逸志》，宣德五、张明惠译，民主与建设出版社1994年版，第236页。

图 53 朱爱宝晚年像

白凡先生与中国女子朱爱宝同居……我每次去白凡先生家时,他和她都显得亲密无间,真是一对好夫妻。而且,白凡先生与朱爱宝同居后精神状态比任何时候都好。……白凡先生在重庆时还常常念叨朱爱宝。"[1]

关于朱爱宝离开金九后的情况,冯乔《绝境逢生——中国民间人士营救"韩国国父"金九纪事》中有这样的记述:

据说,朱爱宝从南京辗转回到了嘉兴,弃船上岸,用剩余的钱,在南门河埠开了一家"明月"茶馆。后来,朱爱

---

[1] 金云龙:《金九评传》,辽宁民族出版社1999年版,第191页。

宝嫁给了一个叫郁金生的烧饭师傅,搬到了东栅居住,改名朱桂宝。街坊有个邻居叫"孙爱宝"。朱桂宝曾对居委主任说:"我原来的名字就叫爱宝。"[1]

嘉兴学者范笑我在《笑我贩书》中也写到了朱爱宝,细节更为丰富:

> 褚离贞9月7日来秀州书局说:"当年帮助过韩国国父金九的船娘朱爱宝已经找到。可她已于八十年代上吊自杀。朱爱宝从小被船主买来当船娘,不知道生年。她掩护金九五年(1932—1937),之后用金九给她的100元,让养生娘在南门开一片茶馆,她继续当船娘,好多年后她嫁人,无后,丈夫又早亡,之后辗转到东栅镇,改名朱桂宝,属五保户,看守自来水。"[2]

这个结果应是仓皇离京的金九万万想不到的。

---

[1] 冯乔:《绝境逢生——中国民间人士营救"韩国国父"金九纪事》,载《档案春秋》2015年第8期。

[2] 范笑我:《笑我贩书》,江苏文艺出版社2002年版,第137页。

韩国驻华代表团在南京

1945年11月1日,韩国临时政府驻华代表团成立,负责临时政府成员回国后的韩侨善后事宜及与国民政府的联络事宜,朴赞翊为团长,闵石麟为副团长。金九为此分别致函国民党中央秘书处、上海市政府和淞沪警备司令部,通报驻华代表团成立。[1] 11月5日,金九由重庆去上海。23日由上海返回韩国。1946年3月31日,韩国临时政府驻华代表团团长朴赞翊致函国民党中央秘书处,称驻华代表团将随国民政府返回南京。1947年1月4日,韩国临时政府驻华代表团致函中国国民党中央秘书处,称该团自1947年元旦起改

---

1 石源华、蒋建忠编著:《韩国独立运动与中国关系编年史(1919—1949)》(下卷),社会科学文献出版社2012年版,第1484页。

称"韩国驻华代表团"。[1] 1948年10月11日,韩国驻华代表团代团长闵石麟致函吴铁城,提出代表团业告结束,为工作及掩护起见,"拟成立中韩文化服务社",一方面采营业性质,编译介绍中韩书报及出版刊物,一方面作工作之掩护。1948年11月,南京市政府同意韩国驻华代表团的请求,同意他们成立中韩文化服务社,要求他们依法进行工商登记。可就在11月,韩国驻华代表团代团长闵石麟就结束在华活动离开南京了[2]。因此我们判断中韩文化服务社可能并未进行工商登记,没有真正成立。

关于韩国临时政府驻华代表团的历史,石源华《大韩民国临时政府驻华代表团研究》已有详细记述,此处只就韩国驻华代表团居留南京两年多的一些细节做些说明。

复成新村5号

1947年3月4日,朴赞翊致函国民党中央秘书处秘

---

[1] 石源华、蒋建忠编著:《韩国独立运动与中国关系编年史(1919—1949)》(下卷),社会科学文献出版社2012年版,第1580页。

[2] 石源华、蒋建忠编著:《韩国独立运动与中国关系编年史(1919—1949)》(下卷),社会科学文献出版社2012年版,第1681页。

图54 朴赞翊致吴铁城信的信封

书长吴铁城,称驻华代表团太平路329号办公房及文昌桥15号职员宿舍均须迁让,另行租赁,请求提供资金支持。[1]

---

[1] 石源华、蒋建忠编著:《韩国独立运动与中国关系编年史(1919—1949)》(下卷),社会科学文献出版社2012年版,第1602页。

1947年9月13日,朴赞翊为"芜湖狮子桥房产案"致信吴铁城,信封地址为复成新村5号(图54)。这说明当时驻华代表团已从太平路329号迁至复成新村,至于何时搬至复成新村,目前还不清楚。

《南京市接管代管房屋简明手册》对复成新村5号(现复成新村10号)有如下记载:

地址:马路街复成新村老5号
原使用单位或原住人:伪上海市警察局长文鸿恩
产权及房主姓名职业:文国陵
式样及幢数:西楼一幢平一幢
间数:9 [1]

《石麟闵弼镐传》刊有一张韩国驻华代表团成员在南京驻地大门前的合影(图55)。据我们对复成新村的实地考察,这张照片应是在复成新村5号门前拍摄的。

---

1 《南京市接管代管房屋简明手册》,军管会房产管理处编印,1950年5月,第186页。

图55 韩国驻华代表团成员在驻地大门前合影(坐者为朴赞翊,左三为闵石麟)

民国时期,韩国临时政府先后在上海、杭州、镇江、南京、长沙、重庆等地活动,如今这些地方除南京外都建立了纪念馆、资料馆或旧址保护单位,只有南京至今还没有这样一个纪念地或资料馆,这和南京在韩国临时政府在华活动中的突出地位是不相称的。因此,建议南京政府将现复成新村10号改造为韩国临时政府南京史料陈列馆。

那为什么要将现复成新村10号改造为韩国临时政府南

京史料陈列馆，而不是韩国驻华代表团史料陈列馆呢？

如果这个史料陈列馆只是反映韩国驻华代表团的历史，那它的内容和意义就很有限了。因韩国驻华代表团是由韩国临时政府驻华代表团演变而来，而韩国临时政府在南京的活动，自1935年11月将其本部迁至南京，至1937年11月撤离南京，也存在了两年时间。而1932年12月10日，蒋介石与金九在南京举行了第一次会晤。此后，韩国临时政府与国民政府接触增多，南京逐渐成为金九领导的韩国临时政府的活动中心地。这样看来，1935年11月前金九等人在南京的活动自然也应归入韩国临时政府在南京的活动之中。因此，拟建的韩国临时政府南京史料陈列馆也应包括这些内容，这样金九在南京的活动也能全面地展示出来了。

闵石麟

闵石麟是韩国临时政府的重要成员，同时也在国民政府任职。虹口公园炸弹案后，为营救临时政府成员，他留在上海负责秘密通讯联络。后在临时政府担任要职，最后出任韩国驻华代表团代团长。

《石麟闵弼镐传》刊有一张闵石麟在南京任韩国驻华

图56 闵石麟在南京任韩国驻华代表团代表时所摄

图57 闵石麟使用过的韩国驻华代表团印信

代表团代表时所摄照片（图56）。这张照片也应是在复成新村5号拍摄的。

像闵石麟这样重要的人物，有关论著却没有一个较为详细的简历，现根据闵石麟年谱编写了下面这个简历：

闵石麟（1898—1963），韩国汉城（即今首尔）人。1911年亡命上海，毕业于申圭植创办的博达学院。1912年2月加入同济社和兴亚同济社，投身韩国独立运动。1912年9月至1917年7月，就读于上海南洋学堂。1917年9月至1918年12月，就读于上海电报学校。此后二十年间在中国政府电报局工作，同时参加独立运动。1932年帮助韩国临时政府要员躲避日本军警追捕，并以上海电报局为联络中心负责各地抗日运动的秘密通讯联络。1932年12月,通过朱庆澜为临时政府筹划到1万元资金。1937年12月,进入蒋介石侍从室工作,负责密码研究,担任技术研究室第二组组长。1938年11月随侍从室辗转桂林、重庆等地。1939年5月,任韩国独立党宣传部部长和临时政府议政院议员。1940年至1945年任韩国临时政府金九主席办公室长兼外务次长。1945年11月任韩国临时政府驻华代表团副团长。1946年8月任韩国临时政府驻华代表团代团长。[1]

韩国驻华代表团是韩国临时政府在中国的联络机构,闵石麟和韩国驻华代表团在南京的活动其实就是金九在中国活动的延续,是金九与南京的后缘,因略记点滴于此。

---

1 据闵石麟年谱编写,详见金俊烨编《石麟闵弼镐传》,韩国罗南出版社1995年版。

萧铮拜谒金九墓

1949年6月26日中午,金九在汉城(即今首尔)京庄桥寓所被人杀害。蒋介石闻讯极为震惊,当即发去唁电,随后送去挽联:"为国家求独立为民族争自由伟哉斯人兴灭继绝取义成仁见大节于颠沛昭正气于千秋"[1]。蒋介石对韩国临时政府的关注并不自与金九会面始。1920年10月17日,蒋介石给申圭植创办的《震坛》周刊题词:"祝震坛发达同舟共济"。1940年3月1日,韩国临时政府在重庆创办《韩民》月刊,蒋介石为该刊题词:"复兴之基"。国民党要人居正、张继、孔祥熙、褚辅成、张治中、徐恩曾等均有题词。萧铮

---

[1] 安淑平、王长生:《蒋介石悼文诔辞密档》,团结出版社2010年版,第322页。

图58 萧铮题词

的题词是:"共同奋斗"。

1973年2月22日,萧铮飞抵汉城(即今首尔)。23日,在建国大学参加该校授予他经济学博士荣誉学位的典礼后,即往凭吊金九。

后来萧铮在回忆录中写道:"余赴韩接受学位,实亦为凭吊故人。盖自金九先生返韩不久被刺后,其重要韩部如安恭根、濮精一、李青天、李爽、赵素昂及闵石麟等均已十九

图59 金九墓地

凋逝。故二十余年来,除与金信将军尚有把晤外,在韩几已无故人可寻,以此余之足迹从未一抵韩境。此次之行,实冀一吊金先生之墓并访其故居也。时金信将军已改任交通部长,于余之来,甚表欢迎。第二日即陪余往吊金九先生墓。墓前静思旧友,实不觉涕泪之何从也。"[1]

萧铮此行曾有诗留赠金信,诗云:

白头来吊老英雄,
复国丰功孰与同?
四十年前艰苦事,
千秋义烈仰高风。[2]

---

[1] 陈太先、魏方:《当代地政泰斗萧铮博士传略》,自印本,1997年版,第237页。

[2] 陈太先、魏方:《当代地政泰斗萧铮博士传略》,自印本,1997年版,第237页。